U0113684

蔡元培

爱国不忘读书
读书不忘爱国

CAIYUANPEI

蔡元培 等 著

AIGUO BUWANG DUSHU
DUSHU BUWANG AIGUO

中国文史出版社
CHINA CULTURAL AND HISTORICAL PRESS

图书在版编目（ＣＩＰ）数据

蔡元培：爱国不忘读书，读书不忘爱国／蔡元培等著．－－北京：中国文史出版社，2018.1
ISBN 978-7-5205-0601-4

Ⅰ．①蔡…　Ⅱ．①蔡…　Ⅲ．①蔡元培（1867-1940）－传记　Ⅳ．① K825.46

中国版本图书馆 CIP 数据核字 (2018) 第 230924 号

责任编辑：梁玉梅

出版发行：中国文史出版社

社　　址：北京市海淀区西八里庄 69 号院　邮编：100142

电　　话：010-81136606　81136602　81136603（发行部）

传　　真：010-81136655

印　　装：北京温林源印刷有限公司

经　　销：全国新华书店

开　　本：16 开

印　　张：16

字　　数：238 千字

版　　次：2019 年 3 月北京第 1 版

印　　次：2023 年 9 月第 6 次印刷

定　　价：49.80 元

目　录
CONTENTS ■

075 第三章　德育三十篇：现代公民之德性修养

131 | 第四章　智育十篇：现代公民之人文教养

209 | **第七章　风云时代的弄潮者**

上编

读书与救国

第一章
人生不凡路

我所受旧教育的回忆

我六岁（以阴历计，若按新法只四岁余）入家塾，读《百家姓》《千字文》《神童诗》等。本来初上学的学生，有读《三字经》的，也有读《千家诗》或先读《诗经》的，然而我没有读这些。我读了三部"小书"以后，就读四书。四书读毕，读五经。读小书、四书的时候，先生是不讲的，等到读五经了，先生才讲一点。然而背诵是必要的；无论读的书懂不懂，读的遍数多了，居然背得出来。

读书以外，还有识字、习字、对句的三法，是我了解文义的开始。识字是用方块字教的，每一个字，不但要念出读法，也要说出意义；这种方法，现在儿童教育上还是采用的，但加上图画，这是比从前进步了。习字是先摹后临，摹是先描红字，后用影格。临则先在范本的空格上照写，后来用帖子放在前面，在别的空白纸上照写。初学时，先生把住我的手，助我描写，熟练了，才自由挥写。对句是造句的法子，从一个字起，到四个字止，因为五字以上便是做诗，可听其自由造作，不必先出范句了。对句之法，不但名词、动词、静词要针锋相对，而且名词中动、植、矿与器物、宫室等，静词中颜色、性质与数目等，都要各从其类；例如先生出了白马，学生对以黄牛、青狐等，是好的，若用黄金、狡狐等等作对，就不算好了。先生出了登高山，学生对以望远海、鉴止水等，是好的；若用耕绿野、放四海等作对，用颜色、数目来对性质，就不算好了。其他可以类推。还有一点，对句时兼练习四声的分别，例如平声字与平声字对，侧声字与侧声字对，虽并非绝对的不许，但总以平侧相对为正轨。又练习的时候，不但令学生知道平侧，而且在侧声中上、去、入的分别，也在对句时随时提醒了。

我的对句有点程度了，先生就教我作八股文。八股文托始于宋人的经义，本是散文的体裁，后来渐渐儿参用排律诗与律赋的格式，演成分股的文体，通常虽称八股，到我学八股的时候，已经以六股为最普通了。六股以前有领题，引用题目的上文，是"开篇"的意义；六股以后又有结论；可以见自领题到结论，确是整篇。然而领题以前有起讲（或称小讲），约十余句，百余字；起讲以前有承题，约四五句，二十余字；承题以前有破题，仅二句，约十余字；这岂不是重复而又重复吗？我从前很不明白，现在才知道了。这原是一种练习的方法：先将题目的一句演为两句（也有将题目的若干句缩成两句的，但是能作全篇的人所为）；进一步，演为四句；再进一步，演为十余句；最后才演为全篇。照本意讲，有了承题，就不必再有破题；有了起讲，就不必再有破题与承题；有了全篇，就不必再有破、承与起讲；不知道何时的八股先生，竟头上安头，把这种练习的手续都放在上面，这实是八股文时代一种笑柄：我所以不避烦琐写出来，告知未曾做过八股文的朋友。

我从十七岁起，就自由的读"考据""词章"等书籍，不再练习八股文了。

我的读书经验

我自十余岁起，就开始读书；读到现在，将满六十年了；中间除大病或其他特别原因外，几乎没有一日不读点书的，然而我没有什么成就，这是读书不得法的缘故。我把不得法的概略写出来，可以作前车之鉴。

我的不得法，第一是不能专心。我初读书的时候，读的都是旧书，不外乎考据、词章两类。我的嗜好，在考据方面，是偏于诂训及哲理的，对于典章名物，是不大耐烦的；在词章上，是偏于散文的，对于骈文及诗词，是不大热心的；然而以一物不知为耻，种种都读；并且算学书也读、医学书也读，都没有读通。所以我曾经想编一部"说文声系义证"，又想编一本"公羊春秋大义"，都没有成书。所为文辞，不但骈文诗词，没有一首可存的，就是散文也太平凡了。到了四十岁以后，我始学德文，后来又学法文，我都没有好好儿做那记生字、练文法的苦工，而就是生吞活剥的看书，所以至今不能写一篇合格的文章，作一回短期的演说。在德国进大学听讲以后，哲学史、文学史、文明史、心理学、美学、美术史、民族学，统统去听，那时候这几类的参考书，也就乱读起来了。后来虽勉自收缩，以美学与美术史为主，辅以民族学；然而他类的书终不能割爱，所以想译一本美学，想编一部比较的民族学，也都没有成书。

我的不得法，第二是不能勤笔。我的读书，本来抱一种利己主义，就是书里面的短处，也不大去搜寻他，我止注意于我所认为有用的或可爱的材料。这本来不算坏，但是我的坏处，就是我虽读的时候注意于这几点，但往往为速读起见，无暇把这几点摘抄出来，或在书上做一点特别的记号；若是有时候想起来，除了德文书检目特详、尚易检寻外，其他的书，几乎不容易寻到了。我国现虽有人编"索引""引得"等等，又专门的辞典，也逐渐增加，寻检自然较易，但各人有各自的注意点，普通的检目，断不能如自己记别的方便。我尝见胡适之先生有一个时期，出门时常常携一两本线装书，在舟车上或其他忙里偷闲时翻阅，见到有用的材料，就折角或以铅笔作记号。我想他回家后或者尚有摘抄的手续。我记得有一部笔记，说王渔洋读书时，遇有新隽的典故或词句，就用纸条抄出，贴在书斋壁上，时时览读，熟了就揭去，换上新得的。所以他记得很多。这虽是文学上的把戏，但科学上何尝不可以仿作呢？我因从来懒得动笔，所以没有成就。

　　我的读书的短处，我已经经验了许多的不方便，特地写出来，望读者鉴于我的短处，第一能专心，第二能勤笔，这一定有许多成效。

我在北京大学的经历

北京大学的名称，是从民国元年起的。民元以前，名为京师大学堂；包有师范馆、仕学馆等，而译学馆亦为其一部。我在民元前六年，曾任译学馆教员，讲授国文及西洋史，是为我在北大服务之第一次。

民国元年，我长教育部，对于大学有特别注意的几点：一、大学设法、商等科的，必设文科。设医、农、工等科的，必设理科。二、大学应设大学院（即今研究院），为教授、留校的毕业生与高级学生研究的机关。三、暂定国立大学五所，于北京大学外，再筹办大学各一所，于南京、汉口、四川、广州等处（尔时想不到后来各省均有办大学的能力）。四、因各省的高等学堂，本仿日本制，为大学预备科，但程度不齐，于入大学时发生困难，乃废止高等学堂，于大学中设预科。（此点后来被胡适之先生等所非难，因各省既不设高等学堂，就没有一个荟萃较高学者的机关，文化不免落后，但自各省竞设大学后就不必顾虑了。）

是年政府任严幼陵君为北京大学校长。两年后，严君辞职，改任马相伯君。不久马君又辞，改任何锡侯君。不久又辞，乃以工科学长胡次珊君代理。民国五年冬，我在法国，接教育部电，促回国，任北大校长。我回来，初到上海，友人中劝不必就职的颇多；说北大太腐败，进去了，若不能整顿，反于自己的声名有碍。这当然是出于爱我的意思。但也有少数的说，既然知道他腐败，更应进去整顿，就是失败也算尽了心。这也是爱人以德的说法。我到底服从后说，进北京。

我到京后，先访医专校长汤尔和君，问北大情形。他说："文科预科的情形，可问沈尹默君；理工科的情形，可问夏浮筠君。"汤君又说："文科学长如未定，可请陈仲甫君；陈君现改名独秀，主编《新青年》杂志，确可为青年的指导者。"因取《新青年》十余本示我。我对于陈君，本来有一种不忘的印象，就是我与刘申叔君同在《警钟日报》服务时，刘君语我："有一种在芜湖发行之白话报，发起的若干人，都因困苦及危险而散去了，陈仲甫一个人又支持了好几个月。"现在听汤君的话，又翻阅了《新青年》，决意聘他。从汤君处探知陈君寓在前门外一旅馆，我即往访，与之订定，于是陈君来北大任文科学长，而夏君原任理科学长，沈君亦原任教授，一仍旧贯；乃相与商定整顿北大的办法，次第执行。

我们第一要改革的，是学生的观念。我在译学馆的时候，就知道北京学生的习惯。他们平日对于学问上并没有什么兴会，只要年限满后，可以得到一张毕业文凭。教员是自己不用功的，把第一次的讲义，照样印出来，按期分散给学生，在讲坛上读一遍，学生觉得没有趣味，或瞌睡，或看看杂书，下课时，把讲义带回去堆在书架上，等到学期、学年或毕业的考试，教员认真的，学生就拼命地连夜阅读讲义，只要把考试对付过去，就永远不再去翻一翻了。要是教员通融一点，学生就先期要求教员告知他要出的题目，至少要求表示一个出题目的范围。教员为避免学生的怀恨与顾全自身的体面起见，往往把题目或范围告知他们了；于是他们不用功的习惯，得了一种保障了。尤其北京大学的学生，是从京师大学堂"老爷"式学生嬗继下来（初办时所收学生都是京官，所以学生都被称为老爷，而监督及教员都被称为中堂或大人）。他们的目的，不但在毕业，而尤注重在毕业以后的出路。所以专门研究学术的教员，他们不见得欢迎。要是点名时认真一点，考试时严格一点，他们就借个话头反对他，虽罢课也所不惜。若是一位在政府有地位的人来兼课，虽时时请假，他们还是欢迎得很；因为毕业后可以有阔老师做靠山。这种科举时代遗留下来的劣根性，是于求学上很有妨碍的。所以我到校后第一次演说，就说明"大学学生，当以研究学术为天职，不当以大学为升官发财之阶梯"。然而要打破这些习惯，只有从聘请积学而热心的教员着手。

那时候因《新青年》上文学革命的鼓吹，而我们认识留美的胡适之君。他回国后，即请他到北大任教授。胡君真是"旧学邃密"而且"新知深沉"的一个人，所以一方面与沈尹默、兼士兄弟，钱玄同、马幼渔、刘半农诸君，以新方法整理国故；一方面整理英文系。因胡君之介绍而请到的好教员，颇不少。

我素信学术上的派别是相对的，不是绝对的，所以每一种学科的教员，即使主张不同，若都是"言之成理，持之有故"的，就让他们并存，令学生有自由选择的余地。最明白的，是胡适之君与钱玄同君等，绝对的提倡白话文学，而刘申叔、黄季刚诸君，仍极端维护文言的文学；那时候就让他们并存。我相信为应用起见，白话文必要盛行，我也常常作白话文，也替白话文鼓吹；然而我也声明：作美术文，用白话也好，用文言也好。例如我们写字，为应用起见，自然要写行楷，若如江艮庭君的用篆隶写药方，当然不可；若是为人写斗方或屏联作装饰品，即写篆隶章草，有何不可？

那时候各科都有几个外国教员，都是托中国驻外使馆或外国驻华使馆介绍的。学问未必都好，而来校既久，看了中国教员的阑珊，也跟了阑珊起来。我们斟酌了一番，辞退几人，都按着合同上的条件办的。有一法国教员要控告我，有一英国教员竟要求英国驻华公使朱尔典来同我谈判，我不答应。朱尔典出去后，说："蔡元培是不要再做校长的了。"我也一笑置之。

我从前在教育部时，为了各省高等学堂程度不齐，故改为各大学直接的预科；不意北大的预科，因历年校长的放任与预科学长的误会，竟演成独立的状态。那时候预科中受了教会的影响，完全偏重英语及体育两方面；其他科学比较的落后，毕业后若直升本科，发生困难。预科中竟自设了一个预科大学的名义，信笺上亦写此等字样。于是不能不加以改革，使预科直接受本科学长的管理，不再设预科学长，预科中主要的教课，均由本科教员兼任。

我没有本校与他校的界限，常为之通盘打算，求其合理化。是时北大设文、理、工、法、商五科，而北洋大学亦有工、法两科；北京又有一工业专门学校，都是国立的。我以为无此重复的必要，主张以北大的工科并入北洋，而北洋之法科，刻期停办。得北洋大学校长同意及教育部核准，把土木工与矿冶工并到北洋去了。把工科省下来的经费，用在理科上。我本来想把法科与法专并成一科，专授法律，但是没有成功。我觉得那时候的商科，毫无设备，仅有一种普通商业学教课，于是并入法科，使已有的学生毕业后停止。

我那时候有一个理想，以为文、理两科，是农、工、医药、法、商等应用科学的基础，而这些应用科学的研究时期，仍然要归到文、理两科来，所以文、理两科，必须设各种的研究所；而此两科的教员与毕业生必有若干人是终身在研究所工作，兼任教员，而不愿往别种机关去的。所以完全的大学，当然各科并设，有相互关联的便利。若无此能力，则不妨有一大学专办文、理两科，名为本科，而其他应用各科，可办专科的高等学校，如德、法等同的成例，以表示学与术的区别。因为北大的校舍与经费，决没有兼办各种应用科学的可能，所以想把法律分出去，而编为本科大学；然没有达到目的。

那时候我又有一个理想，以为文、理是不能分科的。例如文科的哲学，必植基于自然科学；而理科学者最后的假定，亦往往牵涉哲学。从前心理学附入哲学，而现在用实验法，应列入理科。教育学与美学，也渐用实验法，有同一趋势。地理学的人文方面，应属文科，而地质、地文等方面属理科。历史学自有史以来属文科，而推原于地质学的冰期与宇宙生成论，则属于理科。所以把北大的三科界限撤去，而列为十四系，废学长，设系主任。

我素来不赞成董仲舒罢黜百家独尊孔氏的主张。清代教育宗旨有"尊孔"一款，已于民元在教育部宣布教育方针时说他不合用了。到北大后，凡是主张文学革命的人，没有不同时主张思想自由的；因而为外间守旧者所反对。适有赵体孟君以编印明遗老刘应秋先生遗集，贻我一函，属约梁任公、章太炎、林琴南诸君品题；我为分别发函后，林君复函，列举彼对北大怀疑诸点。我复一函与他辩，这两函颇可窥见那时候两种不同的见解，所以抄在下面：

林君来函：

鹤卿先生太史足下：

与公别十余年，壬子始一把晤，忽忽八年，未通音问，至为歉仄。辱赐书以遗民刘应秋先生遗著嘱为题词，书未梓行，无从拜读；能否乞赵君作一短简事略见示，当谨撰跋尾归之。

呜呼！明室敦气节，故亡国时殉烈者众；而夏峰、梨洲、亭林、杨园、二曲诸老，均脱身斧钺，其不死幸也！我公崇尚新学，乃亦垂念遗播之臣，足见名教之孤悬，不绝如缕，实望我公为之保全而护惜之，至慰至慰。

虽然，尤有望于公者：大学为全国师表，五常之所系属。近者外间谣诼纷集，我公必有所闻，即弟亦不无疑信。或且有恶呼阚茸之徒，因生过激之论。不知救世之道，必度人所能行；补偏之言，必使人以可信。若尽反常轨，侈为不经之谈，则毒粥既陈，旁有烂肠之鼠，明燎宵举，下有聚死之虫。何者？趋甘就热，不中其度，则未有不毙者。方今人心丧敝，已在无可救挽之时，更侈奇创之谈，用以哗众。少年多半失学，利其便己，未有不糜沸麇至而附和之者，而中国之命如属丝矣。晚清之末造，慨世者恒曰去科举，停资格，废八股，斩豚尾，复天足，逐满人，扑专制，整军备，则中国必强。今百凡皆遂矣，强又安在？于是更进一解，必覆孔孟、铲伦常为快。呜呼！因童子之羸困，不求良医，乃追责其二亲之有隐瘵，逐之，而童子可以日就肥泽，有是理耶？外国不知孔孟，然崇仁、仗义、矢信、尚智、守礼，五常之道未尝悖也，而又济之以勇。弟不解西文，积十九年之笔述成译著一百二十三种，都一千二百万言，实未见中有违忤五常之语，何时贤乃有此叛亲蔑伦之论，此其得诸西人乎，抑别有所授耶？

我公心右汉族，当在杭州时，间关避祸，与夫人同茹辛苦，宗旨不变，勇士也！方公行时，弟与陈叔通惋惜公行，未及一送，申、伍异趣，各行其是。盖今公为民国宣力，弟仍清室举人，交情固在，不能视若冰炭，故辱公寓书，殷殷于刘先生序跋，实隐示明、清之季，各有遗民，其志均不可夺也。弟年垂七十，富贵功名，前三十年视若弃灰，今笃老，尚抱守残缺，至死不易其操。前年梁任公倡马、班革命之说，弟闻之失笑。任公非劣，何为作此媚世之言？马、班之书，读者几人，殆不革而自革，何劳任公费此神力？若云死文字有碍生学术，则科学不用古文，古文亦无碍科学。英之迭更，累斥希腊、拉丁、罗马之文为死物，而今仍存者。迭更虽躬负盛名，固不能用私心以蔑古，刬吾国人尚有何人如迭更者耶？须知天下之理，不能就便而夺常，亦不能取快而滋弊。使伯夷、叔齐生于今日，则万无济变之方。孔子为圣之时，时乎井田、封建，则孔子必能使井田、封建一无流弊；时乎潜艇、飞机，则孔子必能使潜艇、飞机不妄杀人，所以名为时中之圣，时者，与时不悖也。卫灵问阵，孔子行；陈恒弒君，孔子讨。用兵与不用兵，亦正决之以时耳。今必曰天下之弱，弱于孔子。然则天下之强，宜莫强于威廉；以柏灵一隅，抵抗全球，皆败衄无措，直可为万世英雄之祖，且其文治、武功、科学、商务，下及工艺，无一不冠欧洲，胡为恹恹为荷兰之寓公？若云成败不可以论英雄，则又何能以积弱归罪孔子？彼庄周之书，最摈孔子者也，然《人间世》一篇，盛推孔子。所谓人间世者，不能离人而立之谓，其托颜回、叶公、子高之问难孔子，陈以接人处世之道，则庄周亦未尝不近人情，而忤孔子。乃世士不能博辩为千载以上之庄周，竟咆哮为千载以下之桓魋，抑何其可笑也。

且天下唯有真学术、真道德，始足独树一帜，使人景从。若尽废古书，行用土语为文字，则都下引车卖浆之徒所操之语，按之皆有文法，不类闽、广人为无文法之啁啾；据此则凡京、津之稗贩，均可用为教授矣。若《水浒》《红楼》皆白话之圣，并足为教科之书；不知《水浒》中辞吻多采岳珂之《金陀萃编》，《红楼》亦不止为一人手笔，作者均博极群书之人。总之非读破万卷，不能为古文，亦并不能为白话。若化古子之言为白话演说，亦未尝不是。按《说文》，演，长流也，亦有延之、广之之义。法当以短演长，不能以古子之长演为白话之短。且使人读古子者，须读其原书耶，抑凭讲师之二三语即算为古子？若读原书，则又不能全废古文矣。矧于古子之外尚以《说文》讲授，《说文》之学，非俗书也，当参以古籀，证以钟鼎之文。试思用籀篆可化为白话耶？果以篆籀之文杂之白话之中，是引汉、唐之环、燕，与村妇谈心，陈商、周之俎豆，为野老聚饮，类乎不类？弟闽人也，南蛮缺舌，亦愿习中原之语言，脱授我者不以中原之语言，仍令我为舌缺之闽语，可乎？盖存国粹而授《说文》可也，以《说文》为客，以白话为主不可也。

乃近来尤有所谓新道德者，斥父母为自感情欲，于己无恩。此语曾一见之随园文中，仆方以为拟于不伦，斥袁枚为狂谬，不图竟有用为讲学者。人头畜鸣，辩不屑辩，置之可也。彼又云武曌为圣王，卓文君为名媛，此亦拾李卓吾之余唾；卓吾有禽兽行，故发是言。李穆堂又拾其余唾，尊严嵩为忠臣。今试问二李之名，学生能举之否？同为埃灭，何苦增兹口舌？可悲也！大凡为士林表率，须圆通广大，据中而立，方能率由无弊。若凭位分、势力，而施趋怪走奇之教育，则唯穆罕默德左执刀而右传教，始可如其愿望。今全国父老以子弟托公，愿公留意，以守常为是。况天下溺矣，藩镇之祸，迩在眉睫，而又成为南北美之争。我公为南士所推，宜痛哭流涕助成和局，使民生有所苏息；乃以清风亮节之躬，而使议者纷纷集矢，甚为我公惜之。

此书上后，可以不必示覆，唯静盼好音，为国民端其趣向。故人老悖，甚有幸焉！愚直之言，万死万死！

林纾顿首

我的复函：

琴南先生左右：

　　于本月十八日《公言报》中，得读惠书，索刘应秋先生事略。忆第一次奉函时，曾抄奉赵君原函，恐未达览，特再抄一通奉上，如荷题词，甚幸。

　　公书语长心重，深以外间谣诼纷集为北京大学惜，甚感。唯谣诼必非实录；公爱大学，为之辨正可也。今据此纷集之谣诼，而加以责备，将使耳食之徒，益信谣诼为实录，岂公爱大学之本意乎？原公之所以责备者，不外两点：一曰："覆孔孟，铲伦常"；二曰："尽废古书，行用土语为文字"。请分别论之。

　　对于第一点，当先为两种考察：（甲）北京大学教员，曾有以"覆孔孟，铲伦常"教授学生者乎？（乙）北京大学教授，曾有于学校以外，发表其"覆孔孟，铲伦常"之言论者乎？

　　请先察"覆孔孟"之说。大学讲义，涉及孔孟者，唯哲学门中之中国哲学史。已出版者，为胡适之君之《中国上古哲学史大纲》，请详阅一过，果有"覆孔孟"之说乎？特别讲演之出版者，有崔怀瑾君之《论语足征记》《春秋复始》。哲学研究会中，有梁漱溟君提出"孔子与孟子异同"问题，与胡默青君提出"孔子伦理学之研究"问题。尊孔者多矣，宁曰覆孔？

　　若大学教员，于学校以外，自由发表意见，与学校无涉，本可置之不论。今姑进一步而考察之，则唯《新青年》杂志中偶有对于孔子学说之批评，然亦对于孔教会等托孔子学说以攻击新学说者而发，初非直接与孔子为敌也。公不云乎："时乎井田、封建，则孔子必能使井田、封建一无流弊。时乎潜艇、飞机，则孔子必能使潜艇、飞机不妄杀人。卫灵问阵，孔子行。陈恒弑君，孔子讨。用兵与不用兵，亦正决之以时耳。"使在今日，有拘泥孔子之说，必复地方制度为封建，必以兵车易潜艇、飞机；闻俄人之死其皇，德人之逐其皇，而日必讨之，岂非昧于"时"之义，为孔子之罪人，而吾辈所当排斥者耶？

次察"铲伦常"之说。常有五，仁、义、礼、智、信，公既言之矣。伦亦有五，君臣、父子、兄弟、夫妇、朋友。其中君臣一伦，不适于民国，可不论。其他父子有亲，兄弟相友（或曰长幼有序），夫妇有别，朋友有信，在中学以下修身教科书中，详哉言之。大学之伦理学，涉此者不多，然从未有以父子相夷、兄弟相阋、夫妇无别、朋友不信教授学生者。大学尚无女学生，则所注意者自偏于男子之节操。近年于教科以外，组织一进德会，其中基本戒约，有不嫖、不娶妾两条。不嫖之戒，决不背于古代之伦理。不娶妾一条，则且视孔孟之说尤严矣。至于五常，则伦理学中之言仁爱、言自由、言秩序、戒欺诈，而一切科学，皆为增进知识之需。宁有铲之之理欤？

若谓大学教员，曾有于学校以外发表其"铲伦常"之主义乎？则试问有谁何教员，曾于何书、何杂志，为父子相夷、兄弟相阋、夫妇无别、朋友不信之主张者？曾于何书、何杂志，为不仁、不义、不智、不信及无礼之主张者？公所举"斥父母为自感情欲，于己无恩"，谓随园文中有之。弟则忆《后汉书·孔融传》：路粹枉状奏融，有曰："前与白衣祢衡跌荡放言，云：父之于子，当有何亲？论其本意，实为情欲发耳；子之于母，亦复奚为？譬如寄物瓶中，出则离矣。"孔融、祢衡并不以是损其声价，而路粹则何如者？且公能指出谁何教员，曾于何书、何杂志，述路粹或随园之语，而表其极端赞成之意者？且弟亦从不闻有谁何教员，崇拜李贽其人而愿拾其唾余者。所谓"武曌为圣王，卓文君为贤媛"，何人曾述斯语，以号于众，公能证明之欤？

对于第二点，当先为三种考察：（甲）北京大学是否已尽废古文而专用白话？（乙）白话果是否能达古书之义？（丙）大学少数教员所提倡之白话的文字，是否与引车卖浆者所操之语相等？

请先察"北京大学是否已尽废古文而专用白话"？大学预科中有国

文一课，所据为课本者，曰模范文，曰学术文，皆古文也。其每月中练习之文，皆文言也。本科中国文学史、西洋文学史、中国古代文学、中古文学、近世文学；又本科、预科皆有文字学，其编成讲义而付印者，皆文言也。《北京大学月刊》中，亦多文言之作。所可指为白话体者，唯胡适之君之《中国古代哲学史大纲》，而其中所引古书，多属原文，非皆白话也。

次考察"白话是否能达古书之义"？大学教员所编之讲义，固皆文言矣。而上讲坛后，决不能以背诵讲义塞责，必有赖于白话之讲演；岂讲演之语，必皆编为文言而后可欤？吾辈少时读《四书集注》《十三经注疏》，使塾师不以白话讲演之，而编为类似集注、类似注疏之文言以相授，吾辈岂能解乎？若谓白话不足以讲《说文》、讲古籀、讲钟鼎之文，则岂于讲坛上当背诵徐氏《说文解字系传》、郭氏《汗简》、薛氏《钟鼎款识》之文，或编为类此之文言而后可，必不容以白话讲演之欤？

又次考察"大学少数教员所提倡之白话的文字，是否与引车卖浆者所操之语相等"？白话与文言，形式不同而已，内容一也。《天演论》《法意》《原富》等，原文皆白话也，而严幼陵君译为文言。小仲马、迭更司、哈德等所著小说，皆白话也，而公译为文言。公能谓公及严君之所译，高出于原本乎？若内容浅薄，则学校招考时之试卷，普通日刊之论说，尽有不值一读者，能胜于白话乎？且不特引车卖浆之徒而已，清代目不识丁之宗室，其能说漂亮之京话，与《红楼梦》中宝玉、黛玉相埒，其言果有价值欤？熟读《水浒》《红楼梦》之小说家，能于《续水浒传》《红楼复梦》等书以外，为科学、哲学之讲演欤？公谓"《水浒》《红楼》作者，均博极群书之人，总之非读破万卷，不能为古文，亦并不能为白话"。诚然，诚然。北京大学教员中，善作白话文者，为胡适之、钱玄同、周启孟诸君。公何以证知为非博极群书，非能作古文，而仅以白话文藏拙者？胡君家世汉学，其旧作古文，虽不多见，然即其所作《中国哲学史大纲》言之，其了解古书之眼光，不让清代乾嘉学者。钱君所作之《文字学讲义》《学术文通论》，皆大雅之文言。周君所译之域外小说，则文笔之古奥，非浅学者所能解。然则公何宽于《水浒》《红楼》之作者，而苛于同时之胡、钱、周诸君耶？

至于弟在大学，则有两种主张如左：

（一）对于学说，仿世界各大学通例，循"思想自由"原则，取兼容并包主义，与公所提出之"圆通广大"四字，颇不相背也。无论有何种学派，苟其言之成理，持之有故，尚不达自然淘汰之运命者，虽彼此相反，而悉听其自由发展。此义已于《月刊》之发刊词言之，抄奉一览。（《北京大学月刊》发刊词从略——编者）

（二）对于教员，以学诣为主：在校讲授，以无背于第一种之主张为界限。其在校外之言动，悉听自由，本校从不过问，亦不能代负责任。例如复辟主义，民国所排斥也，本校教员中，有拖长辫而持复辟论者，以其所授为英国文学，与政治无涉，则听之。筹安会之发起人，清议所指为罪人者也，本校教员中有其人；以其所授为古代文学，与政治无涉，则听之。嫖、赌、娶妾等事，本校进德会所戒也，教员中间有喜作侧艳之诗词，以纳妾、狎妓为韵事，以赌为消遣者，苟其功课不荒，并不诱学生而与之堕落，则姑听之。夫人才至为难得，若求全责备，则学校殆难成立。且公私之间，自有天然界限。譬如公曾译有《茶花女》《迦茵小传》《红礁画桨录》等小说，而亦曾在各学校讲授古文及伦理学，使有人诋公为以此等小说体裁讲文学，以狎妓、通奸、争有夫之妇讲伦理者，宁值一笑欤？然则革新一派，即偶有过激之论，苟于校课无涉，亦何必强以其责任归之于学校耶？此复，并候著祺。

（民国）八年三月十八日　蔡元培敬启

这两函虽仅为文化一方面之攻击与辩护，然北大已成为众矢之的，是无可疑了。越四十余日而有五四运动。我对于学生运动，素有一种成见，以为学生在学校里面，应以求学为最大目的，不应有何等政治的组织。其有年在二十岁以上，对于政治有特殊兴趣者，可以个人资格参加政府团体，不必牵涉学校。所以民国七年夏间，北京各校学生曾为外交问题结队游行，向总统府请愿；当北大学生出发时，我曾力阻他们，他们一定要参与，我因此引咎辞职，经慰留而罢。到八年五月四日，学生又有不签字于《巴黎和约》与罢免亲日派曹、陆、章的主张，仍以结队游行为表示，我也就不去阻止他们了。他们因愤激的缘故，遂有焚曹汝霖住宅及攒殴章宗祥的事。学生被警厅逮捕者数十人，各校皆有，而北大学生居多数。我与各专门学校的校长，向警厅力保始释放。但被拘的虽已保释，而学生尚抱再接再厉的决心，政府亦且持不做不休的态度。都中宣传，政府将明令免我职而以马其昶君任北大校长。我恐若因此增加学生对于政府的纠纷，我个人且将有运动学生保持地位的嫌疑，不可以不速去。乃一面呈政府引咎辞职，一面秘密出京，时为五月九日。

那时候学生仍每日分队出去演讲，政府逐队逮捕，因人数太多，就把学生都监禁在北大第三院。北京学生受了这样大的压迫，于是引起全国学生的罢课，而且引起各大都会工商界的同情与公愤，将以罢工、罢市为同样之要求。政府见势不可侮，乃释放被逮诸生，决定不签《和约》，罢免曹、陆、章。于是五四运动之目的完全达到了。

五四运动之目的既达，北京各校的秩序均恢复，独北大因校长辞职问题又起了多少纠纷。政府曾一度任命胡次珊君继任，而为学生所反对，不能到校；各方面都要我复职。我离校时本预定决不回去，不但为校务的困难，实因校务以外，常常有许多不相干的缠绕，度一种劳而无功的生活，所以启事上有"杀君马者道旁儿，民亦劳止，汔可小休。我欲小休矣"等语。但是隔了几个月，校中的纠纷，仍在非我回校不能解决的状态中，我不得已乃允回校。回校以前，先发表一文，告北大学生及全国学生联合会，告以学生救国，重在专研学术，不可常为救国运动而牺牲。到校后，在全体学生欢迎会演说，说明德国大学学长、校长均每年一换，由教授会公举；校长且由神学、医学、法学、哲学四科之教授轮值，从未生过纠纷，完全是"教授治校"的成绩。北大此后亦当组成健全的教授会，使学校决不因校长一人的去留而起恐慌。

那时候蒋梦麟君已允来北大共事，请他通盘计划，设立教务、总务两处，及聘任、财务等委员会，均以教授为委员。请蒋君任总务长，而顾孟余君任教务长。

北大关于文学、哲学等学系，本来有若干基本教员，自从胡适之君到校后，声应气求，又引进了多数的同志，所以兴会较高一点。预定的自然科学、社会科学、文学、国学四种研究所，只有国学研究所先办起来了。在自然科学与社会科学方面，比较的困难一点。自民九起，自然科学诸系，请到了丁巽甫、颜任光、李润章诸君主持物理系，李仲揆君主持地质系；在化学系本有王抚五、陈聘丞、丁庶为诸君，而这时候又增聘程寰西、石蘅青诸君。在生物学系本已有钟宪鬯君在东南、西南各省搜罗动植物标本，有李石曾君讲授学理，而这时候增聘谭仲逵君。于是整理各系的实验室与图书室，使学生在教员指导下，切实用功。改造第二院礼堂与庭园，使合于讲演之用。在社会科学方面，请到王雪艇、周鲠生、皮皓白诸君。一方面诚意指导，提起学生好学的精神；一面广购图书杂志，给学生以自由考索的工具。丁巽甫君以物理教授兼预科主任，提高预科程度。于是北大始达到各系平均发展的境界。

我是素来主张男女平等的。九年，有女学生要求进校，以考期已过，姑且录为旁听生。及暑假招考，就正式招收女生。有人问我："兼收女生是新法，为什么不先请教育部核准？"我说："教育部的大学令，并没有专收男生的规定；从前女生不来要求，所以没有女生；现在女生来要求，而程度又够得上，大学就没有拒绝的理。"这是男女同校的开始，后来各大学都兼收女生了。

我是佩服章实斋先生的，那时候国史馆附设在北大，我定了一个计划，分征集、纂辑股；纂辑股又分通史、民国史两类；均从长编入手，并编历史辞典。聘屠敬山、张蔚西、薛阆仙、童亦韩、徐贻孙诸君，分任征集、编纂等务。后来政府忽又有国史馆独立一案，别行组织，于是张君所编的民国史、薛、童、徐诸君所编的辞典，均因篇帙无多，视同废纸；只有屠君在馆中仍编他的蒙兀儿史，躬身保存，没有散失。

我本来很注意于美育的，北大有美学及美术史教课，除中国美术史由叶浩吾君讲授外，没有人肯讲美学。十年，我讲了十余次，因足疾进医院停止。至于美育的设备，曾设书法研究会，请沈尹默、马叔平诸君主持；设画法研究会，请贺履之、汤定之诸君教授国画，比国楷次君教授油画；设音乐研究会，请萧友梅君主持；均听学生自由选习。

我在爱国学社时，曾断发而习兵操，对于北大学生之愿受军事训练的，常特别助成；曾集这些学生编成学生军，聘白雄远君任教练之责，亦请蒋百里、黄膺白诸君到场演讲。白君勤恳而有恒，历十年如一日，实为难得的军人。

我在九年的冬季，曾往欧美考察高等教育状况，历一年回来，这期间的校长任务，是由总务长蒋君代理的。回国以后，看北京政府的情形日坏一日，我处在与政府常有接触的地位，日想脱离。十一年冬，财政总长罗钧任君，忽以金佛郎问题被逮。释放后，又因教育总长彭允彝君提议，重复收禁。我对彭君此举，在公议上，认为是蹂躏人权、献媚军阀的勾当；在私情上，罗君是我在北大的同事，而且于考察教育时，为最密切的同伴，他的操守为我所深信，我不免大抱不平。与汤尔和、邵飘萍、蒋梦麟诸君会商，均认有表示的必要。我于是一面递辞呈，一面离京。隔了几个月，贿选总统的布置，渐渐的实现；而要求我回校的代表，还是不绝，我遂于十二年七月间，重往欧洲，表示决心。至十五年，始回国，那时候京、津间适有战争，不能回校一看。十六年，国民政府成立，我在大学院试行大学区制，以北大划入北平大学区范围，于是我的北京大学校长的名义始得取消。

综计我居北京大学校长的名义，十年有半；而实际在校办事，不过五年有半。一经回忆，不胜惭悚。

我在教育界的经验

我自六岁至十七岁，均受教育于私塾，而十八岁至十九岁，即充塾师（民元前二十九年及二十八年），二十八岁又在李莼客先生京寓中充塾师半年（前十八年），所教的学生，自六岁至二十余岁不等。教课是练习国文，并没有数学与其他科学。但是教国文的方法，有两件是与现在的教授法相近的：一是对课，二是作八股文。对课与现在的造句法相近。大约由一字到四字，先生出上联，学生想出下联来，不但名词要对名词、静词要对静词、动词要对动词，而且每一种词里面又要取其品性相近的。例如先生出一山字是名词，就要用海字或水字来对它，因为都是地理的名词。又如出桃红二字，就要用柳绿或薇紫等词来对它，第一字都用植物的名词，第二字都用颜色的静词，别的可以类推。这一种功课，不但是作文的开始，也是作诗的基础。所以对到四字课的时候，先生还要用圈发的法子，指示平仄的相对，平声字圈在左下角，上声在左上角，去声右上角，入声右下角。学生作对子时，最好用平声对仄声、仄声对平声（仄声包上、去、入三声），等到四字对作得合格了，就可以学五言诗，不必再作对子了。

八股文的作法，先作破题，止两句，把题目的大意说一说，破题作得合格了，乃试作承题，约四五句；承题作得合格了，乃试作起讲，大约十余句；起讲作得合格了，乃作全篇。全篇的作法，是起讲后，先作领题，其后分作八股（六股亦可），每两股都是相对的，最后作一结论。由简而繁，确是一种学作文的方法。但起讲、承题、破题，都是作全篇的雏形；那时候作承题时仍有破题，作起讲时仍有破题、承题，作全篇时仍有破题、承题、起讲，实在是重床叠架了。

我三十二岁（前十四年）九月间自北京回绍兴，任中西学堂监督，这是我服务于新式学校的开始。这个学堂是用绍兴公款设立的，依学生程度，分三斋，略如今日高小、初中、高中的一年级。今之北京大学校长蒋梦麟君、北大地质学教授王烈君，都是那时候第一斋的小学生，而现任中央研究院秘书的马　光君，任浙江教育厅科员的沈光烈君，均是那时候第三斋的高才生。外国语原有英、法二种，我到校后又增日本文。教员中授哲学、文学、史学的有马湄莼、薛阆轩、马水臣诸君，授数学及理科的有杜亚泉、寿孝天诸君，主持训育的有胡钟生君，在当时的绍兴可为极一时之选。但教员中颇有新旧派别，新一点的笃信进化论，对于旧日尊君卑民、重男轻女的旧习，随时有所纠正，旧一点的不以为然。后来旧的运动校董，出而干涉，我遂辞职（前十三年）。

我三十五岁（前十一年）任南洋公学特班教习，那时候南洋公学还只有小学、中学的学生，因沈子培监督之提议，招特班生四十人，都是擅长古文的。拟授以外国语及经世之学，备将来经济特科之选。我充教授，而江西赵仲宣君，浙江王星垣君，相继为学监。学生自由读书，写日记，送我批改。学生除在中学插班习英文外，有愿学习日本文的，我不能说日语，但能看书，即用我的看书法教他们，他们就试译书。每月课文一次，也由我评改。四十人中以邵闻泰（今名力子）、洪允祥、王世澂、胡仁源、殷祖同、谢沈（今名无量）、李同（今出家号弘一）、黄炎培、项骧、贝寿同诸君为高才生。

我卅六岁（前十年），南洋公学学生全体退学，其一部分借中国教育会之助，自组爱国学社，我亦离公学为学社教员。那时候同任教员的吴稚晖、章太炎诸君，都喜倡言革命，并在张园开演说会，凡是来会演说的人，都是讲排满革命的。我在南洋公学时，所评改之日记及月课，本已倾向于民权女权的提倡，及到学社，受激烈环境的影响，遂亦公言革命无所忌。何海樵君自东京来，介绍我宣誓入同盟会，又介绍我入一学习炸弹制造的小组 [1]。那时候学社中师生的界限很宽；程度较高的学生，一方面受教，一方面即任低级生的教员。教员热心的，一方面授课，一方面与学生同受军事训练。社中军事训练初由何海樵、山渔昆弟担任，后来南京陆师学堂退学生来社，他们的领袖章行严、林力山二君助何君。我亦断发短装与诸社员同练步伐，至我离学始已。

爱国学社未成立以前，我与蒋观云、乌目山僧、林少泉（后改名白水）、陈梦坡、吴彦复诸君组织一女学，命名"爱国"。初由蒋君管理，蒋君游日本，我管理。初办时，学生很少；爱国学社成立后，社员家中的妇女均进爱国女学，学生骤增。尽义务的教员，在数理方面，有王小徐、严练如、钟宪鬯、虞和钦诸君，在文史方面，有叶浩吾、蒋竹庄诸君。一年后，我离爱国女学。

我三十八岁（前八年）暑假后，又任爱国女学经理，又约我从弟国亲及龚未生、俞子夷诸君为教员。自三十六岁以后，我已决意参加革命工作。觉得革命只有两途：一是暴动，一是暗杀。在爱国学社中竭力助成军事训练，算是下暴动的种子。又以暗杀于女子更为相宜，于爱国女学，预备下暗杀的种子。一方面受苏凤初君的指导，秘密赁屋，试造炸药，并约钟宪鬯先生相助，因钟先生可向科学仪器馆采办仪器与药料。又约王小徐君试制炸弹壳，并接受黄克强、删若木诸君自东京送来的弹壳，试填炸药，由孙少侯君携往南京僻地试验。一方面在爱国女学为高才生讲法国革命史、俄国虚无党历史，并由钟先生及其馆中同志讲授理化，学分特多，为练制炸弹的预备。年长而根底较深的学生如周怒涛等，亦介绍入同盟会，参加秘密小组。

我三十九岁（前七年），又离爱国女学。嗣后由徐紫虹、吴书箴、蒋竹庄诸君相继主持，爱国女学始渐成普通中学，而脱去从前革命性的特殊教

---

[1] 此小组本只六人，海樵与杨笃生、苏凤初诸君均在内。

育了。

四十岁（前六年），我到北京，在译学馆任教习，讲授国文及西洋史，仅一学期，所编讲义未完，即离馆。

四十一岁至四十五岁（前五年至一年），又为我受教育时期。第一年在柏林，习德语，后三年，在来比锡，进大学。

四十六岁（民国元年），我任教育总长，发表《对于教育方针之意见》，据清季学部忠君、尊孔、尚公、尚武、尚实的五项宗旨而加以修正，改为军国民教育、实利主义、公民道德、世界观、美育五项。前三项，与尚武、尚实、尚公相等；而第四、第五两项却完全不同。以忠君与共和政体不合，尊孔与信仰自由相违，所以删去。至提出世界观教育，就是哲学的课程，意在兼采周秦诸子、印度哲学及欧洲哲学，以打破二千年来墨守孔学的旧习。提出美育，因为美感是普遍性，可以破人我彼此的偏见；美感是超越性，可以破生死利害的顾忌，在教育上应特别注重。对于公民道德的纲领，揭法国革命时代所标举的自由、平等、友爱三项，用古义证明；说"自由者，'富贵不能淫，贫贱不能移，威武不能屈'是也；古者盖谓之义。平等者，'己所不欲，勿施于人'是也；古者盖谓之恕。友爱者，'己欲立而立人，己欲达而达人'是也；古者盖谓之仁"。

学部旧设普通教育、专门教育两司；改教育部后，我为提倡成人教育、补习教育起见，主张增设社会教育司。

我与次长范静生君常持相对的循环论，范君说："小学没有办好，怎么能有好中学？中学没有办好，怎么能有好大学？所以我们第一步，当先把小学整顿。"我说："没有好大学，中学师资哪里来？没有好中学，小学师资哪里来？所以我们第一步，当先把大学整顿。"把两人的意见合起来，就是自小学以至大学，没有一方面不整顿。不过他的兴趣，偏于普通教育，就在普通教育上多参加一点意见；我的兴趣，偏于高等教育，就在高等教育上多参加一点意见罢了。

我那时候，鉴于各省所办的高等学堂，程度不齐，毕业生进大学时，甚感困难；改为大学预科，附属于大学。又鉴于高等师范学校的科学程度太低，规定逐渐停办；而中学师资，以大学毕业生再修教育学的充之。又以国立大学太少，规定于北京外，再在南京、汉口、成都、广州各设大学一所。后来，我的朋友胡君适之等，对于停办各省高等学堂，发见一种缺点：就是每一省会，没有一种吸集学者的机关，使各省文化，进步较缓。这个缺点，直到后来各省竞设大学时，才算补救过来。

清季的学制，于大学上，有一通儒院，为大学毕业生研究之所。我于大学令中改名为大学院，即在大学中，分设各种研究所，并规定大学高级生必须入所研究，俟所研究的问题解决后，始能毕业（此仿德国大学制），但是各大学未能实行。

清季学制，大学中仿各国神学科的例，于文科外又设经科。我以为十四经中，如《易》《论语》《孟子》等，已入哲学系；《诗》《尔雅》，已入文学系；《尚书》、三礼、《大戴记》、春秋三传，已入史学系；无再设经科的必要，废止之。

我认大学为研究学理的机关，要偏重文、理两科，所以于大学令中规定：设法、商等科而不设文科者不得为大学，设医、工、农等科而不设理科者亦不得为大学；但此制迄未实行。而我于任北大校长时，又觉得文、理二科之划分，甚为勉强，一则科学中如地理、心理等等兼涉文、理，二则习文科者不可不兼习理科，习理科者不可不兼习文科，所以北大的编制，但分十四系，废止文、理、法等科别。

我五十一岁至五十八（七）岁（民国六年至十二年）任国立北京大学校长。民国五年，我在法国接教育部电，要我回国，任北大校长，遂于冬间回来。到上海后，多数友人均劝不可就职，说北大腐败，恐整顿不了；也有少数劝驾的，说腐败的总要有人去整顿，不妨试一试。我从少数友人的劝，往北京。

北京大学所以著名腐败的缘故，因初办时（称京师大学堂）设仕学、师范等馆，所收的学生，都是京官。后来虽逐渐演变，而官僚的习气，不能洗尽，学生对于专任教员，不甚欢迎，较为认真的，且被反对；对于行政、司法界官吏兼任的，特别欢迎，虽时时请假，年年发旧讲义，也不讨厌。因有此师生关系，毕业后可为奥援。所以学生于讲堂上领受讲义及当学期、学年考试时要求题目范围特别预备外，对于学术，并没有何等兴会。讲堂以外，又没有高尚的娱乐与自动的组织，遂不得不于学校以外，竟为不正当的消遣，这就是著名腐败的总因。我于第一次对学生演说时，即揭破"大学学生，当以研究学术为天职，不当以大学为升官发财之阶梯"云云。于是广延积学与热心的教员认真教授，以提起学生研究学问的兴会，并提倡进德会（此会为民国元年吴稚晖、李石曾、张溥泉、汪精卫诸君发起，有不赌、不嫖、不娶妾的三条基本戒，又有不作官吏、不作议员、不饮酒、不食肉、不吸烟的五条选认戒），以挽奔竞及游荡的旧习；助成体育会、音乐会、画法研究会、书法研究会，以供正当的消遣；助成消费公社、学生银行、校役夜班、平民学校、平民讲演团与《新潮》等杂志，以发扬学生自动的精神，养成服务社会的能力。

北大的整顿，自文科起。旧教员中如沈尹默、沈兼士、钱玄同诸君，本已启革新的端绪；自陈独秀君来任学长，胡适之、刘半农、周豫才、周岂明诸君来任教员，而文学革命、思想自由的风气，遂大流行。理科自李仲揆、丁巽甫、王抚五、颜任光、李书华诸君来任教授后，内容始以渐充实。北大旧日的法科，本最离奇；因本国尚无成文之公私法，乃讲外国法，分为三组：一曰德日法，习德文、日文的听讲；二曰英美法，习英文的听讲；三曰法国法，习法文的听讲。我甚不以为然，主张授比较法，而那时教员中能授比较法的，只有王亮畴、罗钧任（文干）二君。二君均服务司法部，只能任讲师，不能任教授，所以通盘改革，甚为不易。直到王雪艇、周鲠生诸君来任教授后，始组成正式的法科，而学生亦渐去猎官的陋见，引起求学的兴会。

我对于各家学说，依各国大学通例，循思想自由原则，兼容并包，无论何种学派，苟其言之成理，持之有故，尚不达自然淘汰之运命，即使彼此相反，也听他们自由发展。例如陈君介石、陈君汉章一派的文史，与沈君尹默一派不同；黄君季刚一派的文学，又与胡君适之的一派不同，那时候各行其是，并不相妨。对于外国语，也力矫偏重英语的旧习，增设法、德、俄诸同文学系，即世界语亦列为选科。

那时候，受过中等教育的女生，有愿进大学的，各大学不敢提议于教育部。我说：一提议，必通不过。其实学制上并没有专收男生的明文；如招考时有女生来报名，可即着录；如考试及格，可准其就学，请从北大始。于是北大就首先兼收女生，各大学仿行，教育部也默许了。

我于民国十二年离北大，但尚居校长名义，由蒋君梦麟代理。直到十五年自欧洲归来，始完全脱离。

我六十一岁至六十二岁（民国十六年至十七年），任大学院院长。大学院的组织与教育部大概相同，因李君石曾提议试行大学区制，选取此名。大学区的组织，是摹仿法国的。法国分全国为十六大学区，每区设一大学，区内各种教育事业，都由大学校长管理，这种制度优于省教育厅与市教育局的一点，就是大学有多数学者、多数设备，决非厅局所能及。我们为心醉合议制，还设有大学委员会，聘教育界先进吴稚晖、李石曾诸君为委员，由委员会决议，先在北平（包括河北省）、江苏、浙江，试办大学区。行了年余，常有反对的人，甚至疑命名"大学"，有蔑视普通教育的趋势，提议于大学院外再设一教育部的。我遂自动地辞职，而政府也就改大学院为教育部；试办的三大学区，从此也取消了。

我在大学院的时候，请杨君杏佛相助。我素来宽容而迂缓，杨君精悍而机警，正可以他之长补我之短；正与元年我在教育部时，请范君静生相助，我偏于理想而范君注重实践，以他所长补我之短一样。

大学院时代，院中设国际出版品交换处，后来移交中央研究院，近年又移交中央图书馆。

大学院时代，设国立音乐学校于上海，请音乐专家萧君友梅为校长（第一年萧君谦让，由我居校长之名）；增设国立艺术学校于杭州，请图画专家林君风眠为校长，又计划第一次全国美术展览会。但此会开办时，我已离大学院了。

大学院时代，设特约著作员，聘国内在学术上有贡献而不兼有给职者充之，听其自由著作，每月酌送补助费，吴稚晖、李石曾、周豫才诸君皆受聘。

我于六十一岁时参加中央政治会议，曾与吴稚晖、李石曾、张静江诸君，提议在首都、北平、浙江等处，设立研究院，通过。首都一院，由大学院筹办，名曰国立中央研究院，十七年开办，我以大学院长兼任中央研究院院长。我离大学院后，专任研究院院长，与教育界虽非无间接的关系，但对于教育行政，不复参与了。

第二章
读书，亦是救国

世界观与人生观

　　世界无涯涘也，而吾人乃于其中占有数尺之地位；世界无终始也，而吾人乃于其中占有数十年之寿命；世界之迁流如是其繁变也，而吾人乃于其中占有少许之历史。以吾人之一生较之世界，其大小久暂之相去既不可以数量计，而吾人一生又决不能有几微遁出于世界以外，则吾人非先有一世界观，决无所容喙于人生观。

　　虽然，吾人既为世界之一分子，决不能超出世界以外，而考察一客观之世界，则所谓完全之世界观何自而得之乎？曰凡分子必具有全体之本性，而既为分子则因其所值之时地而发生种种特性，排去各分子之特性而得一通性，则即全体之本性矣。吾人为世界一分子，凡吾人意识所能接触者无一非世界之分子。研究吾人之意识而求其最后之原素为物质及形式，犹相对待也。超物质形式之畛域而自在者，唯有意志。于是吾人得以意志为世界各分子之通性，而即以是为世界之本性。

　　本体世界之意志，无所谓鹄的也。何则？一有鹄的，则悬之有其所，达之有其时，而不得不循因果律以为达之之方法，是仍落于形式之中，含有各分子之特性，而不足以为本体。故说者以本体世界为黑暗之意志，或谓之盲瞽之意志，皆所以形容其异于现象世界各个之意志也。现象世界各个之意志则以回向本体为最后之大鹄的，其间接以达于此大鹄的者又有无量数之小鹄的，各以其间接于最后大鹄的之远近为其大小之差。

最后之大鹄的何在？曰：合世界之各分子息息相关，无复有彼此之差别，达于现象世界与本体世界相交之一点是也。自宗教家言之，吾人固未尝不可一瞬间超轶现象世界种种差别之关系，而完全成立为本体世界之大我。然吾人于此时期既尚有语言文字之交通，则已受范于渐法之中，而不以顿法，于是不得不有所谓种种间接之作用。缀辑此等间接作用，使厘然有系统可寻者，进化史也。

统大地之进化史而观之，无机物之各质点，自自然引力外，殆无特别相互之关系；进而为有机之植物，则能以质点集合之机关共同操作，以行其延年传种之作用；进而为动物，则又于同种类间为亲子朋友之关系，而其分职通功之例视植物为繁；及进而为人类，则由家庭而宗族，而社会，而国家，而国际，其互相关系之形式既日趋于博大，而成绩所留，随举一端，皆有自阂而通，自别而同之趋势。例如昔之工艺，自造之，而自用之耳。今则一人之所享受，不知经若干人之手而后成；一人之所操作，不知供若干人之利用。

昔之知识，取材于乡土志耳。今则自然界之记录，无远弗届，远之星体之运行，小之原子之变化，皆为科学所管领。由考古学人类学之互证，而知开明人之祖先与未开化人无异；由进化学之研究，而知人类之祖先与动物无异。是以语言风俗宗教美术之属，无不合大地之人类以相比较。而动物心理，动物言语之属，亦渐为学者所注意。昔之同情，及最近者而止耳。是以同一人类，或状貌稍异，即痛痒不复相关，而甚至于相食。其次则死之，奴之。今则四海兄弟之观念为人类所公认，而肉食之戒，虐待动物之禁，以渐流布。所谓仁民而爱物者，已成为常识焉。夫以往之世界，经其各分子经营而进步者其成绩固已如此，过此以往，不亦可比例而知之欤？

道家之言曰："知足不辱，知止不殆。"又曰："小国寡民，使有什伯之器而不用；使民重死而不远徙，虽有舟舆，无所乘之，虽有甲兵，无所陈之；使民复结绳而用之。甘其食，美其服，安其居，乐其俗；邻国相望，鸡犬之声相闻，民至老死而不相往来。"此皆以目前之幸福言之也。自进化史考之，则人类精神之趋势乃适与相反。人满之患虽自昔借为口实，而自昔探险新地者率生于好奇心，而非为饥寒所迫。南北极苦寒之所，未必于吾侪生活有直接利用之资料，而冒险探极者踵相连。由推轮而大辂，由桴槎而方舟，足以济不通矣，乃必进而为汽车汽船及自动车之属。近则飞艇飞机更为竞争之的。其构造之初必有若干之试验者供其牺牲，而初不以及身之不及利用而生悔。文学家美术家最高尚之著作，被崇拜者或在死后，而初不以及身之不得信用而辍业。用以知：为将来而牺牲现在者，又人类之通性也。

人生之初，耕田而食，凿井而饮，谋生之事至为繁重，无暇为高尚之思想。自机械发明，交通迅速，资生之具日趋于便利。循是以往，必有寂粟如水火之一日，使人类不复为口腹所累，而得专致力于精神之修养。今虽尚非其时，而纯理之科学，高尚之美术，笃嗜者固已有甚于饥渴，是即他日普及之征兆也。科学者，所以祛现象世界之障碍，而引至于光明。美术者，所以写本体世界之现象，而提醒其觉性。人类精神之趋向既毗于是，则其所到达之点盖可知矣。

然则，进化史所以诏吾人者：人类之义务，为群伦不为小己，为将来不为现在，为精神之愉快而非为体魄之享受，固已彰明而较著矣。而世之误读进化史者，乃以人类之大鹄的为不外乎具一身与种性之生存，而遂以强者权利为无上之道德。夫使人类果以一身之生存为最大之鹄的，则将如神仙家所主张，而又何有于种姓？如曰人类固以绵延其种姓为最后之鹄的，则必以保持其单纯之种姓为第一义，而同姓相婚，其生不善，古今开明民族，往往有几许之混合者。是两者何足以为究竟之鹄的乎？孔子曰："生无所息。"庄子曰："造物劳我以生。"诸葛孔明曰："鞠躬尽瘁，死而后已。"是吾身之所以欲生存也。北山愚公之言曰："虽我之死，有子存焉。子又生孙，孙又生子，子子孙孙，无穷匮也。而山不加增，何苦而不平？"是种姓之所以欲生存也。人类以在此世界有当尽之义务，不得不生存其身体。又以此义务者非数十年之寿命所能竣，而不得不谋其种姓之生存。以图其身体若种姓之生存，而不能不有所资以营养，于是有吸收之权利。又或吾人所以尽务之身体若种姓，及夫所资以生存之具，无端受外界之侵害，将坐是而失其所以尽务之自由，于是有抵抗之权利。此正负两式之权利，由义务而演出者也。今日吾人无所谓义务，而权利则可以无限，是犹同舟共济，非合力不足以达彼岸，乃强有力者以进行为多事，而劫他人所持之棹楫以为己有，岂非颠倒之尤者乎？

昔之哲人有见于大鹄的之所在，而于其他无量数之小鹄的，又准其距离于大鹄的之远近，以为大小之差。于其常也，大小鹄的并行而不悖。孔子曰："己欲立而立人，己欲达而达人。"孟子曰："好乐，好色，好货，与人同之。"是其义也。于其变也，绌小以申大。尧知子丹朱之不肖，不足授天下。授舜，则天下得其利而丹朱病，授丹朱，则天下病而丹朱得其利。尧曰，终不以天下之病而利一人，而卒授舜以天下。禹治洪水，十年不窥其家。孔子曰："志士仁人，无求生以害仁，有杀身以成仁。"墨子摩顶放踵，利天下为之。孟子曰："生与义不可得兼，舍生而取义。"范文正曰："一家哭，何如一路哭。"是其义也。循是以往，则所谓人生者，始合于世界进化之公例，而有真正之价值。否则，庄生所谓天地之委形委蜕已耳，何足道也！

（此篇系蔡元培第二次赴德留学时所作，原载于 1912 年冬巴黎出版的《民德杂志》创刊号，1913 年 4 月又转载于《东方杂志》第 9 卷第 10 号）

文明之消化

凡生物之异于无生物者，其例证颇多，而最著之端，则为消化作用。消化者，吸收外界适当之食料而制炼之，使类化为本身之分子，以助其发达。此自微生物以至人类所同具之作用也。

人类之消化作用，不唯在物质界，亦在精神界。一人然，民族亦然。希腊民族吸收埃及、腓尼基诸古国之文明而消化之，是以有希腊之文明；高尔、日耳曼诸族吸收希腊、罗马及阿拉伯之文明而消化之，是以有今日欧洲诸国之文明。吾国古代文明，有源出巴比仑之说，迄今尚未证实；汉以后，天方、大秦之文物，稍稍输入矣，而影响不著；其最著者，为印度之文明。汉季，接触之时代也；自晋至唐，吸收之时代也；宋，消化之时代也。吾族之哲学、文学及美术，得此而放一异彩。自元以来，与欧洲文明相接触，逾六百年矣，而未尝大有所吸收，如球茎之植物、冬蛰之动物，恃素所贮蓄者以自赡，日趣赢瘠，亦固其所。至于今日，始有吸收欧洲文明之机会，而当其冲者，实为我寓欧之同人。

吸收者，消化之预备。必择其可以消化者而始吸收之。食肉者弃其骨，食果者弃其核，未有浑沦而吞之者也。印度文明之输入也，其滋养果实为哲理，而埋蕴于宗教臭味之中。吸收者浑沦而吞之，致酿成消化不良之疾。钩稽哲理，如有宋诸儒，既不免拘牵门户之成见；而普通社会，为宗教臭味所熏习，迷信滋彰，至今为梗。欧洲文明，以学术为中坚，本视印度为复杂，而附属品之不可消化者，亦随而多歧。政潮之排荡，金力之劫持，宗教之拘忌，率皆为思想自由之障碍。使皆浑沦而吞之，则他日消化不良之弊，将视印度文明为尤甚。审慎于吸收之始，毋为消化时代之障碍，此吾侪所当注意者也。

且既有吸收，即有消化，初不必别有所期待。例如晋、唐之间，虽为吸收印度文明时代，而其时《庄》《易》之演讲、建筑图画之革新，固已显其消化之能力，否则，其吸收作用必不能如是之博大也。今之于欧洲文明，何独不然！向使吾侪见彼此习俗之殊别，而不能推见其共通之公理，震新旧思想之冲突，而不能预为根本之调和，则臭味差池，即使强饮强食，其亦将出而哇之耳！当吸收之始，即参以消化之作用，俾得减吸收时代之阻力，此亦吾人不可不注意者也。

（原载于《旅欧杂志》1916 年 8 月）

就任北京大学校长之演说

五年前，严幾道先生为本校校长时，余方服务教育部，开学日曾有所贡献于同校。诸君多自预科毕业而来，想必闻知。士别三日，刮目相见，况时阅数载，诸君较昔当必为长足之进步矣。予今长斯校，请更以三事为诸君告。

一曰抱定宗旨。诸君来此求学，必有一定宗旨，欲求宗旨之正大与否，必先知大学之性质。今人肄业专门学校，学成任事，此固势所必然。而在大学则不然，大学者，研究高深学问者也。外人每指摘本校之腐败，以求学于此者，皆有做官发财思想，故毕业预科者，多入法科，入文科者甚少，入理科者尤少，盖以法科为干禄之终南捷径也。因做官心热，对于教员，则不问其学问之浅深，唯问其官阶之大小。官阶大者，特别欢迎，盖为将来毕业有人提携也。现在我国精于政法者，多入政界，专任教授者甚少，故聘请教员，不得不下聘请兼职之人，亦属不得已之举。究之外人指摘之当否，姑不具论。然弭谤莫如自修，人讥我腐败，而我不腐败，问心无愧，于我何损？果欲达其做官发财之目的，则北京不少专门学校，入法科者尽可肄业法律学堂，入商科者亦可投考商业学校，又何必来此大学？所以诸君须抱定宗旨，为求学而来。入法科者，非为做官；入商科者，非为致富。宗旨既定，自趋正轨。诸君肄业于此，或三年，或四年，时间不为不多，苟能爱惜分阴，孜孜求学，则其造诣，容有底止。若徒志在做官发财，宗旨既乖，趋向自异。平时则放荡冶游，考试则熟读讲义，不问学问之有无，唯争分数之多寡；试验既终，书籍束之高阁，毫不过问，敷衍三四年，潦草塞责，文凭到手，即可借此活动于社会，岂非与求学初衷大相背驰乎？光阴虚度，学问毫无，是自误也。且辛亥之役，吾人之所以革命，因清廷官吏之腐败。即在今日，吾人对于当轴多不满意，亦以其道镕沦丧。今诸君苟不于此时植其基，勤其学，则将来万一因生计所迫，出而任事，担任讲席，则必贻误学生；置身政界，则必贻误国家。是误人也。误己误人，又岂本心所愿乎？故宗旨不可以不正大。此余所希望于诸君者一也。

二曰砥砺德行。方今风俗日偷，道德沦丧，北京社会，尤为恶劣，败德毁行之事，触目皆是，非根基深固，鲜不为流俗所染，诸君肄业大学，当能束身自爱。然国家之兴替，视风俗之厚薄。流俗如此，前途何堪设想。故必有卓绝之士，以身作则，力矫颓俗。诸君为大学学生，地位甚高，肩此重任，责无旁贷，故诸君不唯思所以感己，更必有以励人。苟德之不修，学之不讲，同乎流俗，合乎污世，己且为人轻侮，更何足以感人。然诸君终日伏首案前，芸芸攻苦，毫无娱乐之事，必感身体上之苦痛。为诸君计，莫如以正当之娱乐，易不正当之娱乐，庶于道德无亏，而于身体有益。诸君入分科时，曾填写愿书，遵守本校规则，苟中道而违之，岂非与原始之意相反乎？故品行不可以不谨严。此余所希望于诸君者二也。

三曰敬爱师友。教员之教授，职员之任务，皆以图诸君求学便利，诸君能无动于衷乎？自应以诚相待，敬礼有加。至于同学共处一堂，尤应互相亲爱，庶可收切磋之效。不唯开诚布公，更宜道义相勖，盖同处此校，毁誉共之，同学中苟道德有亏，行有不正，为社会所訾詈，己虽规行矩步，亦莫能辩，此所以必互相劝勉也。余在德国，每至店肆购买物品，店主殷勤款待，付价接物，互相称谢，此虽小节，然亦交际所必需，常人如此，况堂堂大学生乎？对于师友之敬爱，此余所希望于诸君者三也。

余到校视事仅数日，校事多未详悉，兹所计划者二事。一曰改良讲义。

诸君既研究高深学问，自与中学、高等不同，不唯恃教员讲授，尤赖一己潜修。以后所印讲义，只列纲要，细微末节，以及精旨奥义，或讲师口授，或自行参考，以期学有心得，能裨实用。二曰添购书籍。本校图书馆书籍虽多，新出者甚少，苟不广为购办，必不足供学生之参考。刻拟筹集款项，多购新书，将来典籍满架，自可旁稽博采，无漠缺乏矣。今日所与诸君陈说者只此，以后会晤日长，随时再为商榷可也。

（原载于《东方杂志》第 14 卷第 4 号，1917 年 1 月 9 日）

思想自由

兄弟今日承姜先生之介绍，得与诸君相晤，谈话一堂，甚幸甚幸。唯兄弟虽蒙诸君之约，冀有所贡献，然以校事羁身，急待归去，且欲一听李先生之演说，故遂不得作长谈，仅择其精者简略言之，愿诸君一垂听焉。

讲题之采取，系属于感想而得。顷与全校诸君言道德之精神在于思想自由，即足为是题之引。（先生于三会联合演讲之先，复由全校欢迎大会，并丐先生演说，蒙先生首肯，乃以德、智、体三育为同学讲演，词已载入《校风》报。兹以不忍割爱，故复移录之于是篇后，以公同好焉。）

当兄弟未至贵校之先，每以贵校与约翰、清华、东吴诸大学相联想。今亲诣参观，略悉内情，始知大谬。盖贵校固一纯粹思想自由之学校。继以各会宗旨，谅大都一致无疑。乃闻之姜先生，复知各会宗旨各异，万象包罗，任人选择。若青年会属于宗教的，而敬业乐群会则以研究学术号召，励学会亦复以演说讲演为重。此外各专门学会亦各精一术，毫不相妨。此诚可为诸君庆，而兄弟遂亦感而言此矣。

人生在世，身体极不自由。以贵校体育论，跃高掷重，成绩昭然。（本岁远东运动会，本校同学以跃高、掷重列名，故先生言如此。）然而练习之始，其难殆百倍于成功之日。航空者置身太空，自由极矣，乃卒不能脱巨风之险。习语言者，精一忘百，即使能通数地或数国方言，然穷涉山川，终遇隔膜之所。是知法律之绳人，亦犹是也。然法律不自由中，仍有自由可寻。自由者何？即思想是也。但思想之自由，亦自有界说。彼倡天地新学说者，必以地圆为谬，而倡其地平日动之理。其思想诚属自由，然数百年所发明刊定不移之理，讵能一笔抹杀！且地圆之证据昭著，既不能悉以推翻，修取一二无足轻重之事，为地平证，则其学说不能成立宜也。又如行星之轨道，为有定所，精天文者，久已考明。乃幻想者流，必数执已定之理，屏为不足道，别刨其新奇之论。究其实，卒与倡天地新学说者将同归失败。此种思想，可谓极不自由。盖真理既已公认不刊，而驳之者犹复持闭关主义，则其立论终不得为世人赞同，必矣。

舍此类之外，有所谓最自由者，科学不能禁，五官不能干，物质不能范，人之寿命，长者百数十年，促者十数年，而此物之存在，则卒不因是而间断。近如德人之取尸炸油，毁人生之物质殆尽，然其人之能存此自由者，断不因是而毁灭。在昔有倡灵魂论，宗教家主之，究之仍属空洞。分思想于极简单，分皮毛于极细小，仍亦归之物质，而物质之作用，是否属之精神，尚不可知。但精神些微之差，其竟足误千里。故精神作用，现人尚不敢曰之为属于物质，或曰物质属之于精神。且精神、物质之作用，是否两者具备，相辅而行？或各自为用，毫不相属？均在不可知之数。如摄影一事，其存者果为精神？抑为物质、精神两者均系之？或两者外别有作用？此实不敢武断。

论物质，有原子，原子分之又有电子。究竟原子、电子何属？吾人之思想试验，殊莫知其奥。论精神，其作用之最微者又何而属？吾人更不得知。而空中有所谓真空各个以太，实则其地位何若，态度何似，更属茫然。度量衡之短而小者，吾人可以意定，殆分之极细，长之极大，则其极不得而知。譬之时计，现为四旬钟，然须臾四钟即逝，千古无再来之日，其竟又将如何耶？伍廷芳先生云，彼将活二百岁。二百岁以后何似？推而溯之原始，终不外原子、电子之论。考地质者，亦不得极端之证验。地球外之行星，或曰已有动物存在，其始生如何，亦未闻有发明者。

人生在世，钩心斗智，相争以学术，鞠躬尽瘁，死而后已，亦无非争此未勘破之自由。评善恶者，何者为善，何者为恶，禁作者为违法之事，而不作者亦非尽恶。以卫生论，卫生果能阻死境之不来欤？生死如何，民族衰亡如何，衰亡之早晚又如何，此均无确当之论。或曰终归之于上帝末日之裁判，此宗教言也。使上帝果人若，则空洞不可得见，以脑力思之，则上帝非人，而其至何时，其竟何似，均不可知，是宗教亦不足征信也。有主一元说者，主二元说者，又有主返原之论者，使人人倾向于原始之时。今之愿战，有以为可忧，有以为思想学术增进之导线。究之以上种种，均有对待可峙，无人敢信其为绝对的可信，亦无有令人绝对的可信之道也。

　　是故，吾人今日思想趋向之竟，不可回顾张皇，行必由径，反之失其正鹄。西人今日自杀之多，殆均误于是道。且至理之信，不必须同他人；己所见是，即可以之为是。然万不可诬为幻。此思想之自由也。凡物之评断力，均随其思想为定，无所谓绝对的。一己之学说，不得束缚他人；而他人之学说，亦不束缚一己。诚如是，则科学、社会学，等等，将均任吾人自由讨论矣。

　　　　　　　　　　　　（原载于《敬业学报》第 6 期，1917 年 6 月）

在育德学校演说之述意

鄙人耳育德学校之名，由来已久，今乘大学休假之际，得以躬莅斯地，与诸君子共语一堂，甚属快事。因贵校以育德为号，而校中又设有留法预科，乃使鄙人联想及于法人之道德观念。法自革命以后，有最显著、最普遍之三词，到处揭著，即自由、平等、友爱是也。夫是三者，是否能尽道德之全，固难遽定，然即证以中国意义，要亦不失为道德之重要纲领。

所谓自由，非放恣自便之谓，乃谓正路既定，矢志弗渝，不为外界势力所征服。孟子所称"富贵不能淫，贫贱不能移，威武不能屈"者，此也。准之吾华，当曰义。所谓平等，非均齐不相系属之谓，乃谓如分而与，易地皆然，不以片面方便害大公。孔子所称"己所不欲，勿施于人"者，此也。准之吾华，当曰恕。所谓友爱，义斯无歧，即孔子所谓"己欲立而立人，己欲达而达人"。张子所称"民胞物与者"，是也。准之吾华，当曰仁。仁也、恕也、义也，均即吾中国古先哲旧所旌表之人道信条，即征西方之心同理同，亦当宗仰服膺者也。

是以鄙人言人事，则必以道德为根本；言道德，则又必以是三者为根本。盖人生心理，虽曰智、情、意三者平列，而语其量，则意最广，征其序则意又最先。此固近代学者所已定之断案。就一人之身而考三性发达之迟早，就矿植动三物之伦而考三性包含之多寡，与夫就吾人日常之识一物，立一义而考三性应用之疾徐，皆有其不可掩者。故近世心理学，皆以意志为人生之主体，唯意志之所以不能背道德面向道德，则有赖乎知识与感情之翼助。此科学、美术所以为陶铸道德之要具，而凡百学校皆据以为编制课程之标准也。自鄙人之见，亦得以三德证成之。二五之为十，虽帝王不能易其得数，重坠之趣下，虽兵甲不能劫之反行，此科学之自由性也。利用普乎齐民，不以优于贵；立术超乎攻取，无所党私。此科学之平等性及友爱性也。若美术者，最贵自然，毋意毋必，则自由之至者矣。万象并包，不遗贫贱，则平等之至者矣。并世相师，不问籍域，又友爱之至者矣。故世之重道德者，无不有赖乎美术及科学，如车之有两轮、鸟之有两翼也。

今闻贵校学风，颇致力于勤、俭二字。勤则自身之本能大，无需于他；俭则生活之本位廉，无人不得，是含自由义。且勤者自了己事，不役人以为工；俭者自享己分，不夺人以为食，是含平等义。勤者输吾供以易天下之供，俭者省吾求以裕天下之求，实有烛于各尽所能、各取所需之真谛，而不忍有一不克致社会有一不获之夫，是含友爱义。诸君其慎毋以二字为庸为小。天下盖尽有几多之恶潮，其极也，足以倾覆邦命，荼毒生灵，而其发源，乃仅由于一二少数人自恣之心所鼓荡者。如往者筹安会之已事，设其领袖俱习于勤俭，肯为寻常生活，又何至有此。然则此二字者，造端虽微，而潜力则巨。鄙人对于贵校之学风，实极端赞成矣。唯祝贵校以后法文传习日广，能赴法留学者日多，俾中国之义、恕、仁与法国之自由、平等、友爱融化，而日进于光大。是非党法，法实有特宜于国人旅学之点：旅用廉也，风习新也，前驱众也，学说之纯正，不杂以君制或宗教之匿瑕也，国民之浸淫于自由、平等、友爱者久，而鲜侮外人也，皆其著也。

（原载于《北京大学日刊》第 72 号，1918 年 2 月 20 日）

科学之修养

　　鄙人前承贵校德育部之召，曾来校演讲；今又蒙修养会见召，敢述修养与科学之关系。

　　查修养之目的，在使人平日有一种操练，俾临事不致措置失宜。盖吾人平日遇事，常有计较之余暇，故能反复审虑，权其利害是非之轻重而定取舍。然若至仓卒之间，事变横来，不容有审虑之余地，此时而欲使诱惑、困难不能隳其操守，非凭修养有素不可，此修养之所以不可缓也。

　　修养之道，在平日必有种种信条；无论其为宗教的或社会的，要不外使服膺者储蓄一种抵抗之力，遇事即可凭之以定抉择。如心所欲作而禁其不作，或心所不欲而强其必行，皆依于信条之力。此种信条，无论文明、野蛮民族均有之。然信条之起，乃由数千万年习惯所养成；及行之既久，必有不适之处，则怀疑之念渐兴，而信条之效力遂失。此犹就其天然者言也。乃若古圣先贤之格言嘉训，虽属人造，要亦不外由时代经验归纳所得之公律，不能不随时代之变迁而易其内容。吾人今日所见为嘉言懿行者，在日后或成故纸；欲求其能常系人之信仰，实不可能。由是观之，则吾人之于修养，不可不研究其方法。在昔吾国哲人，如孔、孟、老、庄之属，均曾致力于修养，而宋、明儒者尤专力于此。然学者提倡虽力，卒不能使天下之人尽变为良善之士，可知修养亦无一定之必可恃者也。至于吾人居今日而言修养，则尤不能如往古道家之蛰影深山，不闻世事。盖今日社会愈进，世务愈繁。已入社会者，固不能舍此而他从；即未入社会之学校青年，亦必从事于种种学问，为将来入世之准备。其责任之繁重如是，故往往易为外务所缚，无精神休假之余地，常易使人生观陷于悲观厌世之域，而不得志之人为尤甚。其故即在现今社会与从前不同。欲补救此弊，须使人之精神有张有弛。如作事之后，必继之以睡眠，而精神之疲劳，亦必使有机会得以修养。此种团体之结合，尤为可喜之事。但鄙人以为修养之致力，不必专限于集会之时，即在平时课业中亦可利用其修养。故特标此题曰："科学之修养"。

今即就贵会之修养法逐条说明，以证科学的修养法之可行。如贵会简章有"力行校训"一条。贵校校训为"诚勤勇爱"四字。此均可于科学中行之。如"诚"字之义，不但不欺人而已，亦必不可为他人所欺。盖受人之欺而不自知，转以此说复诏他人，其害与欺人者等也。是故吾人读古人之书，其中所言苟非亲身实验证明者，不可轻信；乃至极简单之事实，如一加二为三之数，亦必以实验证明之。夫实验之用最大者，莫如科学。譬如报纸纪事，臧否不一，每使人茫无适从。科学则不然。真是真非，丝毫不能移易。盖一能实验，而一不能实验故也。由此观之，科学之价值即在实验。是故欲力行"诚"字，非用科学的方法不可。

其次"勤"：凡实验之事，非一次所可了。盖吾人读古人之书而不慊于心，乃出之实验。然一次实验之结果，不能即断其必是，故必继之以再以三，使有数次实验之结果。如不误，则可以证古人之是否；如与古人之说相刺谬，则尤必详考其所以致误之因，而后可以下断案。凡此者反复推寻，不惮周详，可以养成勤劳之习惯。故"勤"之力行亦必依赖夫科学。

再次"勇"：勇敢之意义，固不仅限于为国捐躯、慷慨赴义之士，凡作一事，能排万难而达其目的者，皆可谓之勇。科学之事，困难最多。如古来科学家，往往因试验科学致丧其性命，如南北极及海底探险之类。又如新发明之学理，有与旧传之说不相容者，往往遭社会之迫害，如哥白尼、贾利来之惨祸。可见研究学问，亦非有勇敢性质不可；而勇敢性质，即可于科学中养成之。大抵勇敢性有二：其一，发明新理之时，排去种种之困难阻碍；其二，既发明之后，敢于持论，不惧世俗之非笑。凡此二端，均由科学所养成。

最后"爱"：爱之范围有大小。在野蛮时代，仅知爱自己及与己最接近者，如家族之类。此外稍远者，辄生嫌忌之心。故食人之举，往往有焉。其后人智稍进，爱之范围渐扩，然犹不能举人我之见而悉除之。如今日欧洲大战，无论协约方面或德奥方面，均是己非人，互相仇视，欲求其爱之普及甚难。独至于学术方面则不然：一视同仁，无分畛域；平日虽属敌国，及至论学之时，苟所言中理，无有不降心相从者。可知学术之域内，其爱最溥。又人类嫉妒之心最盛，入主出奴，互为门户。然此亦仅限于文学耳；若科学，则均由实验及推理所得唯一真理，不容以私见变易一切。是故嫉妒之技无所施，而爱心容易养成焉。

以上所述，仅就力行校训一条引申其义。再阅简章，有静坐一项。此法本自道家传来。佛氏之坐禅，亦属此类。然历年既久，卒未普及社会；至今日日本之提倡此道者，纯以科学之理解释之。吾国如蒋竹庄先生亦然，所以信从者多，不移时而遍于各地。此亦修养之有赖于科学者也。

又如不饮酒、不吸烟二项，亦非得科学之助力不易使人服行。盖烟酒之嗜好，本由人无正当之娱乐，不得已用之以为消遣之具，积久遂成痼疾。至今日科学发达，娱乐之具日多，自不事此无益之消遣。如科学之问题，往往使人兴味加增，故不感疲劳而烟酒自无用矣。

今日所述，仅感想所及，约略陈之。唯宜注意者，鄙人非谓学生于正课科学之外，不必有特别之修养，不过正课之中，亦不妨兼事修养，俾修养之功，随时随地均能用力，久久纯熟，则遇事自不致措置失宜矣。

（本篇是蔡元培在北京高等师范学校修养会上的演说词。原载于《北京大学日刊》第 360 号，1919 年 4 月 24 日）

文化运动不要忘了美育

现在文化运动，已经由欧美各国传到中国了。解放呵！创造呵！新思潮呵！新生活呵！在各种周报上，已经数见不鲜了。但文化不是简单，是复杂的；运动不是空谈，是要实行的。要透彻复杂的真相，应研究科学；要鼓励实行的兴会，应利用美术。科学的教育，在中国可算有萌芽了；美术的教育，除了小学校中机械性的音乐、图画以外，简捷可说是没有。

不是用美术的教育，提起一种超越利害的兴趣，融合一种划分人我的偏见，保持一种永久平和的心境；单单凭那个性的冲动、环境的刺激，投入文化运动的潮流，恐不免有下列三种的流弊：（一）看得很明白，责备他人也很周密，但是到了自己实行的机会，给小小的利害绊住，不能不牺牲主义。（二）借了很好的主义做护身符，放纵卑劣的欲望；到劣迹败露了，叫反对党把他的污点影射到神圣主义上，增了发展的阻力。（三）想用简单的方法、短少的时间，达他的极端的主张；经了几次挫折，就觉得没有希望，发起厌世观，甚且自杀。这三种流弊，不是渐渐发见了么？一般自号觉醒的人，还能不注意么？

文化进步的国民，既然实施科学教育，尤要普及美术教育。专门练习的，既有美术学校、音乐学校、美术工艺学校、优伶学校等，大学校又设有文学、美学、美术史、乐理等讲座与研究所；普及社会的，有公开的美术馆或博物院，中间陈列品，或由私人捐赠，或用公款购置，都是非常珍贵的。有临时的展览会，有音乐会，有国立或公立的剧院，或演歌舞剧，或演科白剧，都是由著名的文学家、音乐家编制的。演剧的人，多是受过专门教育，有理想、有责任心的。市中大道，不但分行植树，并且间以花畦，逐次移植应时的花。几条大道的交叉点，必设广场，有大树，有喷泉，有花坛，有雕刻品。小的市镇，总有一个公园；大都会的公园，不只一处。又保存自然的林木，加以点缀，作为最自由的公园。一切公私的建筑，陈列器具，书肆与画肆的印刷品，各方面的广告，都是从美术家的意匠构成。所以不论哪一种人，都时时刻刻有接触美术的机会。我们现在，除文字界稍微有点新机外，别的还有什么？书画是我们的国粹，都是模仿古人的；古人的书画，是有钱的收藏了，作为奢侈品，不是给人人共见的；建筑雕刻，没有人研究；在嚣杂的剧院中，演那简单的音乐、卑鄙的戏曲；在市街上散步，只见飞扬尘土，横冲直撞的车马，商铺门上贴着无聊的春联，地摊上出售那恶俗的花纸。在这种环境中讨生活，什么能引起活泼高尚的感情呢？所以我很望致力文化运动诸君，不要忘了美育。

（原载于《晨报副刊》1919 年 12 月 1 日）

义务与权利

贵校成立，于兹十载毕业生之服务于社会者，甚有声誉。鄙人甚所钦佩。今日承方校长属以演讲。鄙人以诸君在此受教，是诸君之权利，而毕业以后即当任若干年教员，即诸君之义务，故愿为诸君说义务与权利之关系。

权利者，为所有权自卫权等，凡有利于己者，皆届之。义务则凡尽吾力而有益于社会者皆属之。

普通之见，每以两者为互相对待，以为既尽某种义务，则可以要求某种权利，既享某种权利，则不可不尽某种义务。如买卖然，货物与金钱，其值相当是也。然社会上每有例外之状况，两者或不能兼得，则势必偏重其一。如杨朱为我，不肯拔一毛以利天下；德国之斯梯纳（Stine）及尼采（Nietsche）等，主张唯我独尊，而以利他主义为奴隶之道德。此偏重权利之说也。墨子之道，节用而兼爱；孟子曰，生与义不可得兼，舍生而取义。此偏重义务之说也。今欲比较两者之轻重，以三者为衡。

一、以意识之程度衡之。下等动物，求食物，卫生命，权利之意识已具；而互助之行为，则于较为高等之动物始见之。昆虫之中，蜂蚁最为进化。其中雄者能传种而不能作工。传种既毕，则工蜂、工蚁刺杀之，以其义务无可再尽，即不认其有何等权利也。人之初生即知吮乳，稍长则饥而求食，寒而求衣，权利之意识具，而义务之意识未萌。及其长也，始知有对于权利之义务。且进而有公而忘私、国而忘家之意识。是权利之意识，较为幼稚，而义务之意识，较为高尚也。

二、以范围之广狭衡之。无论何种权利，享受者以一身为限；至于义务，则如振兴实业推行教育之类，享其利益者，其人数可以无限。是权利之范围狭而义务之范围广也。

三、以时效之久暂衡之。无论何种权利，享受者以一生为限。即如名誉，虽未尝不可认为权利之一种，而其人既死，则名誉虽存而所含个人权利之性质，不得不随之而消灭。至于义务，如禹之治水，雷绥佛（Lessevs）之凿苏伊士河，汽机电机之发明，文学家美术家之著作，则其人虽死而效力常存。是权利之时效短而义务之时效长也。

由是观之，权利轻而义务重。且人类实为义务而生存。例如人有子女，即生命之派分，似即生命权之一部。然除孝养父母之旧法而外，曾何权利之可言？至于今日，父母已无责备子女以孝养之权利，而饮食之教诲之，乃为父母不可逃之义务。且列子称愚公之移山也曰："虽我之死，有子存焉。子又生孙，孙又生子，子子孙孙，无穷匮也，而山不加增，何苦而不平？"虽为寓言，实含至理。盖人之所以有子孙者，为夫生年有尽，而义务无穷，不得不以子孙为延续生命之方法，而于权利无关。是即人之生存为义务而不为权利之证也。

唯人之生存，既为义务，则何以又有权利？曰，尽义务者在义务与权利有身，而所以保持此身使有以尽义务者，曰权利。如汽机然，非有燃料，则不能作工。权利者，人身之燃料也。故义务为主而权利为从。

义务为主，则以多为贵，故人不可以不勤。权利为从，则适可而止，故人不可以不俭。至于捐所有财产以助文化之发展，或冒生命之危险而探南北极试航空术，则皆可为善尽义务者。其他若厌世而自杀，实为放弃义务之行为，故伦理学家常非之。然若其人既自知无再尽义务之能力，而坐享权利或反以其特别之疾病若罪恶，贻害于社会，则以自由意志而决然自杀，亦有可谅者。

独身主义亦然。其谓为放弃权利，毋宁谓为放弃义务。然若有重大之义务，将竭毕生之精力以达之，而不愿为室家所累，又或自忖体魄在优种学上者不适于遗传之理由，而决然抱独身主义，亦有未可厚非者。

今欲进而言诸君之义务矣。闻诸君中颇有以毕业后必尽教员之义务为苦者。然此等义务，实为校章所定。诸君入校之初，既承认此校章矣。若于校中既享有种种之权利，而竟放弃其义务，如负债不偿然，于心安乎？毕业以后，固亦有因结婚之故而家务校务不能兼顾者。然胡彬夏女士不云乎："女子尽力社会之暇，能整理家事，斯为可贵。"是在善于调度而已。我国家庭之状况，烦琐已极，诚有使人应接不暇之苦。然使改良组织，日就简单，亦未尝不可分出时间，以服务于社会。又或约集同志，组织公育儿童之机关，使有终身从事教育之机会，亦无不可。在诸君勉之而已。

（1919年12月7日改定，是蔡元培在北京女子师范学校的演说词）

美育实施的方法

　　我国初办新式教育的时候，只提出体育、智育、德育三条件，称为三育。十年来，渐渐地提到美育，现在教育界已经公认了。李石岑先生要求我说说"美育实施的方法"，我把我个人的意见写在下面。

　　照现在教育状况，可分为三个范围：一、家庭教育；二、学校教育；三、社会教育。我们所说的美育，当然也有这三方面。

　　我们要做彻底的教育，就要着眼最早的一步。虽不能溢出范围，推到优生学，但至少也要从胎教起点。我从不信家庭有完美教育的可能性，照我的理想，要从公立的胎教院与育婴院着手。

　　公立胎教院是给孕妇住的，要设在风景佳胜的地方，不为都市中混浊的空气、纷扰的习惯所沾染。建筑的形式要匀称，要玲珑，用本地旧派，略参希腊或文艺中兴时代的气味。凡埃及的高压式、峨特的偏激派，都要避去。四面都是庭园，有广场，可以散步，可以做轻便的运动，可以赏月观星。园中杂莳花木，使四时均有雅丽之花叶，可以悦目。选毛羽秀丽、鸣声谐雅的动物，散布花木中间；须避去用索系猴、用笼装鸟的习惯。引水成泉，勿作激流。汇水成池，蓄美观活泼的鱼。室内糊壁的纸、铺地的毡，都要选恬静的颜色、疏秀的花纹。应用与陈列的器具，要轻便雅致，不取笨重或过于琐巧的。一室中要自成系统，不可混乱。陈列雕刻、图画，都取优美一派；应有健全体格的裸体像与裸体画。凡有粗犷、猥亵、悲惨、怪诞等品，即使描写个性，大有价值，这里都不好加入。过度激刺的色彩，也要避去。备阅览的文字，要乐观的、和平的；凡是描写社会黑暗方面、个人神经异常的，要避去。每日可有音乐，选取的标准，与图画一样，激刺太甚的、卑靡的，都不取。总之，各种要孕妇完全在平和活泼的空气里面，才没有不好的影响传到胎儿。这是胎儿的美育。

孕妇产儿以后，就迁到公共育婴院。第一年是母亲自己抚养的；第二、三年，如母亲要去担任她的专业，就可把婴儿交给保姆。育婴院的建筑，与胎教院大略相同，或可联合一处。其中陈列的雕刻图画，可多选裸体的康健儿童，备种种动静的姿势；隔几日，可更换一套。音乐，选简单静细的。院内成人的言语与动作，都要有适当的音调态度，可以做儿童的模范。就是衣饰，也要有一种优美的表示。

在这些公立机关未成立以前，若能在家庭里面，按照上列的条件小心布置，也可承认为家庭美育。

儿童满了三岁，要进幼稚园了。幼稚园是家庭教育与学校教育的过渡机关。那时候儿童的美感，不但被动地领受，并且自动地表示了。舞蹈、唱歌、手工，都是美育的专课。就是教他计算、说话，也要从排列上、音调上迎合他们的美感，不可用枯燥的算法与语法。

儿童满了六岁，就进小学校，此后十一二年，都是普通教育时期，专属美育的课程，是音乐、图画、运动、文学等。到中学时代，他们自主力渐强，表现个性的冲动渐渐发展，选取的文字、美术，可以复杂一点。悲壮、滑稽的著作，都可应用了。

但是美育的范围，并不限于这几个科目，凡是学校所有的课程，都没有与美育无关的。例如数学，仿佛是枯燥不过的了；但是美术上的比例、节奏，全是数的关系，截金术是最显的例。数学的游戏，可以引起滑稽的美感。几何的形式，是图案术所应用的。理化学似乎机械性了；但是声学与音乐，光学与色彩，密切的很。雄强的美，全是力的表示。美学中有"感情移人"论，把美术品形式都用力来说明他。文学、音乐、图画，都有冷热的异感，可以从热学上引起联想。磁电的吸距，就是人的爱憎。有许多美术工艺，是用电力制成的。化学实验，常见美丽的光焰；元子、电子的排列法，可以助图案的变化。图画所用的颜料，有许多是化学品。星月的光辉，在天文学上不过映照距离的关系，在文学、图画上便有绝大的魔力。矿物的结晶、闪光与显色，在科学上不过自然的结果，在装饰品便作重要的材料。植物的花叶，在科学上不过生殖与呼吸机关，或供分类的便利。动物的毛羽与声音，在科学上作为保护生命的作用，或雌雄淘汰的结果，在美术、文学上都为美观的材料。地理学上云霞风雪的变态，山岳河海的名胜，文学家美学家的遗迹；历史上文学美术的进化，文学家美术家的轶事，也都是美育的资料。

由普通教育转到专门教育，从此关乎美育的学科，都成为单纯的进行了。爱音乐的进音乐学校，爱建筑、雕刻、图画的进美术学校，爱演剧的进戏剧学校，爱文学的进大学文科，爱别种科学的人就进了别的专科了。但是每一个学校的建筑式、陈列品，都要合乎美育的条件。可以时时举行辩论会、音乐会、成绩展览会、各种纪念会等，都可以利用他来行普及的美育。

学生不是常在学校的，又有许多已离学校的人，不能不给他们一种美育的机会，所以又要有社会的美育。

社会美育，从专设的机关起：

（一）美术馆，搜罗各种美术品，分类陈列。于一类中，又可依时代为次。以原本为主，但别处所藏的图画，最著名的，也用名手的摹本。别处所藏的雕刻，也可用摹造品。须有精印的目录，插入最重要品的摄影。每日定时开馆。能不收入门券费最善，必不得已，每星期日或节日必须免费。

（二）美术展览会，须有一定的建筑，每年举行几次，如春季展览、秋季展览等。专征集现代美术家作品，或限于本国，或兼征他国的。所征不胜陈列，组织审查委员选定。陈列品可开明价值，在会中出售。余时亦可开特别展览会，或专陈一家作品，或专陈一派作品。也有借他国美术馆或私人所藏展览的。

（三）音乐会，可设一定的会场，定期演奏。在夏季也可在公园、广场中演奏。

（四）剧院，可将歌舞剧、科白剧分设两院，亦可于一院中更番演剧。剧本必须出自文学家手笔，演员必须受过专门教育。剧院营业，如不敷开支，应用公款补助。

（五）影戏馆，演片须经审查，凡无聊的滑稽剧、凶险的侦探案、卑猥的恋爱剧都去掉。单演风景片与文学家作品。

（六）历史博物馆，所收藏大半是美术品，可以看出美术进化的痕迹。

（七）古物学陈列所，所收藏的大半是古代的美术品，可以考见美术的起源。

（八）人类学博物馆，所收藏的不全是美术品，或者有很丑恶的，但可以比较各民族的美术，或是性质不同，或是程度不同。无论如何幼稚的民族，总有几种惊人的美术品。又往往不相交通的民族，有同性质的作品。很可以促进美术的进步。

（九）博物学陈列所与植物园、动物园，这固然不专为美育而设，但矿物的标本与动植物的化石，或色彩绚烂，或结构精致，或形状奇伟，很可以引起美感。若种种生活的动植物，值得赏鉴，更不待言了。

在这种特别设备以外，又要有一种普遍的设备，就是地方的美化。若只有特别的设备，平常接触耳目的，还是些卑丑的形状，美育就不完全：所以不可不谋地方的美化。

地方的美化，第一是道路。欧洲都市最广的道路，两旁为人行道，其次公车来往道，又间以种树，艺花，及游人列坐的地方二三列，这自然不能常有的。但每条道路，都要宽平。一地方内各条道路，要有一点匀称的分配。道路交叉的点，必须留一空场，置喷泉、花畦、雕刻品等。

第二是建筑。三间东倒西歪屋，固然起脆薄、贫乏的感想；三四层匣子重叠式的洋房，也可起板滞、粗俗的感想。若把这两者并合在一处，真异常难受了。欧美海滨或山坳的别墅团体，大半是一层楼，适敷小家庭居住，二层的已经很少，再高是没有的。四面都是花园，疏疏落落，分开看各有各的意匠，合起来看，合成一个系统。现在各国都有"花园城"的运动，他们的建筑也大概如此。我们的城市改革很难，组织新村的人，不可不注意呵！

第三是公园。公园有两种：一种是有围墙，有门，如北京中央公园、上海黄浦滩外国公园的样子。里面人工的设备多一点，进去有一点限制。一种是并无严格的范围，以自然美为主，最重要的是一大片林木，中开无数通路可以散步。有几大片草地可以运动。有一道河流，或汇成小湖，可以行小舟。建筑品不很多，游人可自由出入。在巴黎、柏林等，地价非常昂贵，但是这一类大公园，都有好几所永远留着。

第四是名胜的布置。瑞士有世界花园的称号，固然是风景很好，也是他们的保护点缀很适宜，交通很便利，所以能吸引游人。美国有好几所国家公园，地面很大，完全由国家保护，不能由私人随意占领，所以能保留它的优点，不受损坏。我们国内，名胜很多，但如黄山等，交通不便，颇难游赏。交通较便的如西湖等，又漫无限制，听无知的人造了许多拙劣的洋房，把自然美缀了许多污点，真是可惜。

第五是古迹的保存。新近的建筑，破坏了很不美观。若是破坏的古迹，转可以引起许多历史上的联想，于不完全中认出美的分子来。所以保存古迹，以不改动它为原则。但有些非加修理不可的，也要不显痕迹，且按着原状的派式，并且留得原状的摄影，记述修理情形同时日，备后人鉴别。

第六是公坟。我们中国人的做坟，可算是混乱极了。贫的是随地权厝，或随地做一个土堆子。富的是为了一个死人，占许多土地。石工墓木，也是千篇一律，没有一点美意。照理智方面观察，人既死了，应交医生解剖，若是于后来生理上病理上可备参考的，不妨保存起来。否则血肉可做肥料，骨骼可供雕刻品，也算得是废物利用了。但是人类行为，还有感情方面的吸力，生人对于死人，决不肯把他哀感所托的尸体，简单地处置了。若是照我们南方各省，满山是坟，不但太不经济，也是破坏自然美的一端。现在不如先仿西洋的办法，他们的公坟有两种：一是土葬的，如上海三马路、北京崇文门，都有西洋的公坟。他是划一块地，用墙围著，布置一点林木。要葬的可以指区购定。墓旁有花草，墓上的石碑有花纹，有铭词，各具意匠，也可窥见一时美术的风尚。还有一种是火葬的，他们用很庄严的建筑，安置电力焚尸炉。既焚以后，把骨灰聚起来，装在古雅的瓶里，安置在精美石坊的方孔中。所占的地位，比土葬减少，坟园的布置，也很华美。这些办法都比我们的随地乱葬好，我们不妨先采用。

我说美育，一直从未生以前，说到既死以后，可以休了。中间有错误的、脱漏的，我再修补，尤希望读的人替我纠正。

（原载于《教育杂志》1922 年第 6 期第 14 卷第 6 号）

怎样才配做一个现代学生

一般似乎很可爱的青年男女，住着男女同学的学校，就可以算作现代学生么？或者能读点外国文的书，说几句外国语；或者能够"信口开河"地谈什么……什么主义和什么什么……文学，也配称作现代学生么？我看，这些都是表面的或次要的问题。我以为至少要具备下列三个条件，才配称作现代学生。

一、狮子样的体力

我国自古把读书的人叫作文人，本是因为他们所习的为文事的缘故，不料积久这"文人"两个字和"文弱的人"四个字竟发生了连带的关系。古时文士于礼、乐、书、数之外，尚须学习射、御，未尝不寓武于文。不料到后来，被一般野心帝王专以文字章句愚弄天下儒生，鄙弃武事，把知识阶级的体力继续不断地摧残下去；流毒至今，一般读书人所应有的健康，大都被毁剥了。羸弱父母，哪能生产康强的儿女！先天上既虞不足，而学校教育，又未能十分注意体格的训练，后天上也就大有缺陷。所以现时我国的男女青年的体格，虽略较二十年前的书生稍有进步，但比起东、西洋学生壮健活泼、生机勃茂的样子来，相差真不可以道里计。新近有一位留学西洋多年而回国不久的朋友对我说：他刚从外洋回到上海的时候，在马路上走，简直不敢抬头，因为看见一般孱弱已极、毫无生气的中国男女，不禁发生恐惧和惭愧的感觉。这位朋友的话，并不是随便邪说。任何人刚从外国返到中国国境，怕都不免有同样的印象。这虽是就普通的中国人观察，但是学校里的学生也好不了许多。先有健全的身体，然后有健全的思想和事业，这句话无论何人都是承认的，所以学生体力的增进，实在是今日办教育的生死关键。

现今欲求增进中国学生的体力，唯有提倡运动一法。中国废科举、办学校，虽已历时二十余年之久，对于体育一项的设备，太不注意。甚至一个学校连操场、球场都没有，至于健身房、游泳池等关于体育上的设备，更说不上了。运动机会既因无"用武地"而减少，所以往往有聪慧勤学的学生，只因体力衰弱的缘故，纵使不患肺病、神经衰弱及其他痼症而青年夭折，也要受精力不强、活动力减少的影响，不能出其所学贡献于社会，前途希望和幸福就从此断送，这是何等可悲痛的事！

今日的学生，便是明日的社会中坚、国家柱石，这样病夫式或准病夫式的学生，焉能担得起异日社会国家的重责！又焉能与外国赳赳武夫的学生争长比短！就拿本年日本举行的第九届远东运动会而论，我国运动员的成绩比起日本来，几于处处落人之后。较可取巧的足球，日本学生已成我劲敌。至于最费体力的田径赛，则完全没有我国学生的地位，这又是何等可羞耻的事！

体力的增进，并非一蹴而就。试观东、西洋学生，自小学以至大学，无一日不在锻炼陶冶之中。所以他们的青年，无不嗜好运动，兴趣盎然。一闻赛球，群起而趋。这种习惯的养成，良非易事。而健全国民的基础，乃以确立。这种情形，在初入其国的，尝误认为一种狂癖；观察稍久，方知其影响国本之大。这是我们所应憬然猛醒的。

外人以我国度庞大而不自振作，特赠以"睡狮"的怪号。青年们！醒来吧！赶快回复你的"狮子样的体力"！好与世界健儿，一较好身手；并且以健全的体力，去运用思想，创造事业！

二、猴子样的敏捷

"敏捷"的意思，简单说起来就是"快"。在这20世纪的时代做人，总得要做个"快人"才行。譬如赛跑或游泳一样，快的居前，不快的便要落后，这是无可避免的结果。我们中国的文化，在两千年前，便已发展到与现今的中国文化程度距离不远。那时欧洲大陆还是蛮人横行的时代。至美洲尚草莽未辟，更不用说。然而今日又怎样呢？欧洲文化的灿烂，吾人既已瞪乎其后，而美洲则更发展迅速。美利坚合众国立国至今不过一百五十四年，其政治、经济的一切发展，竟有"后来居上"之势。这又是什么缘故呢？这固然是美国的环境好，适于建设。而美国人的举动敏捷，也是他们成功迅速一个最大的原因。吾人试游于美国的都市，汽车、街车等的风驰电掣不算，就是在大街两旁道上走路的人，也都是迈往直前，绝少左顾右盼、姗姗行迟，像中国人所常有的样子，再到他们的工厂或办事房中去参观，他们也是快手快脚地各忙各的事体。至于学校里的学生，无论在讲堂上、操场上、图书馆里、实验室里，一切行动态度，总是敏捷异常，活泼得很；所以他们能够在一个短时期内，学得多，做得多。将来的成就也自然多起来了。掉转头来看看我国的情形，一般人的行动颠顿迟缓，姑置勿论；就是学校里的学生，读书做事，也大半是一些不灵敏。所以在初中毕业的学生，国文不能畅所欲言；在大学毕业的学生，未必能看外国文的书籍。这不是由于他们的脑筋迟钝，实在是由于习惯成自然。所以出了学校以后，做起事来，仍旧不能紧张，"从容不迫"地做下去。西洋人可以一天做完的事，中国人非两天或三天不能做完。在效率上相差得这样多，所成就的事体，自然也就不可同日而语了。

关于这种迟缓的不敏捷的行动，我说是一种习惯，而且这种习惯是由于青年时代养成的，并不是没有什么事实上的根据。我们可以用华侨子弟和留学生来做证明：在欧美生长的中国小孩，行动的敏捷，固足与外国小孩相颉颃；而一般留学生，初到外国的时候，总感觉得处处落人之后，走路没有人家快，做事没有人家快，读书没有人家快，在课堂上抄笔记也没有人家写得快、记得多，苦不堪言；但在这样环境中吃的苦头太多了以后，自然而然的一切行动也就渐渐地会变快了。所以留学生回国后一切行动，总比一般人要敏捷些。等待他们在百事迟钝的中国环境里住的时间稍为长久一点，他们迟缓的老脾气，或者也会重新发作的。就拿与人约会或赴宴会做例子，在欧美住过几年的人，初回国的时候，大都是很肯遵守时间，按时而到；后来觉得自己到了，他人迟到，也是于事无益，呆坐着等人，还白白糟蹋了宝贵的时间，不如还是从俗罢。但是这种习惯的误事和不便，是人人所引为遗憾的。尤其是我们的青年人，应当积极纠正。

青年们呀！现在已经是20世纪的新时代了！这个时代的特征就是"快"。你看布满了各国大陆的铁道，浮遍了各国海洋的船舰，肉眼可看见的有线电的电线，不可见的无线电的电浪，可以横渡大西洋而远征南北极的飞机，城市地面上驰骋着的街车与汽车，地面下隧道中通行的火车与电车，以及工厂、农场、公事房，家庭中所有的一切机器，哪一件不是为要想达到"快"的目的而设的。况且凡百科学，无不日新月异地在那里增加发明。我们纵不能自己发明，也得迎头赶上去、学上去，这都是非快不为功的。

据进化论的昭示，我们人类由猿猴进化而来，却是人类在这比较安舒的环境中，行动渐次变了迟钝，反较猴子略逊一筹，而中国人的颟顸程度更特别的高。以开化最早的资格，现反远居人后，这是多么惭愧的事！现在我们的青年，如要想对于求学、做事两方面，力振颓风，则非学"猴子样的敏捷"，急起直追不可！

三、骆驼样的精神

在中国四万万同胞中，各人所负责任的重大，恐怕要算青年学生首屈一指了！就中国现时所处的可怜地位和可悲的命运而论，我们几乎可以说：凡是可摆脱这种地位、挽回这种命运的事情和责任，直接或间接都是要落在学生们的双肩上。

第一是对于学术上的责任：做学生的第一件事就要读书。读书从浅近方面说，是要增加个人的知识和能力，预备在社会上做一个有用的人才；从远大的方面说，是要精研学理，对于社会国家和人类做最有价值的贡献。这种责任是何等的重大！读者要知道一个民族或国家要在世界上立得住脚——而且要光荣地立住——是要以学术为基础的。尤其是，在这竞争剧烈的二十世纪，更要倚靠学术。所以学术昌明的国家，没有不强盛的；反之，学术幼稚和知识蒙昧的民族，没有不贫弱的。德意志便是一个好例证：德人在欧战时力抗群强，能力固已可惊；大败以后，曾不十年而又重列于第一等国之林，这岂不是由于他们的科学程度特别优越而建设力强所致吗？我们中国人在世界上原来很有贡献的——如发明指南针、印刷术、火药之类——所以现时国力虽不充足，而仍为谈世界文化者所重视。不过经过两千年专制的痼弊，学术遂致落伍。试问在现代的学术界，我们中国人对于人类幸福有贡献的究竟有几个人呢？无怪人家渐渐地看不起我们了。我们以后要想雪去被人轻视的耻辱，恢复我们固有的光荣，只有从学术方面努力，提高我们的科学知识，更进一步对世界做一种新的贡献，这些都是不能不首先属望于一般青年学生的。

第二是对于国家的责任：中国今日，外则强邻四逼，已沦于次殖民地的地位；内则政治紊乱，民穷财匮，国家的前途实在太危险了。今后想摆脱列强的羁绊，则非急图取消不平等条约不可。想把国民经济现状改良，使一般国民能享独立、自由、富厚的生活，则非使国内政治能上轨道不可。昔范仲淹为秀才时，便以天下为己任，果然有志竟成。现在的学生们，又安可不以国家为己任咧！

第三是对于社会的责任：先有好政治而后有好社会，抑先有好社会而后有好政治？这个问题用不着什么争论的，其实二者是相互影响的，所以学生对于社会也是负有对于政治同等的责任。我们中国的社会，是一个很老的社会，一切组织形式及风俗习惯大都陈旧不堪，违反现代精神而应当改良。这也是要希望学生们努力实行的。因为一般年纪大一点的旧人物，有时纵然看得出，想得到，而以濡染太久的缘故，很少能彻底改革的。所以关于改良未来的社会一层，青年所负的责任也是很大的。

以上所说的各种责任都放在学生们的身上，未免太重一些。不过生在这时的中国学生，是无法避免这些责任的。若不学着"骆驼样的精神"来"任重道远"，又有什么办法呢？

除上述三种基本条件之外，再加以"崇好美术的素养"和"自爱""爱人"的美德，便配称作现代学生而无愧了。

（本篇为孟寿椿代作。据《现代学生》月刊创刊号，1930 年 10 月出版）

美育与人生

人的一生，不外乎意志的活动，而意志是盲目的，其所恃以为较近之观照者，是知识；所恃以供远照、旁照之用者，是感情。

意志之表现为行为。行为之中，以一己的卫生而免死，趋利而避害者为最普通，此种行为，仅仅普通的知识，就可以指导了。进一步地，以众人的生及众人的利为目的，而一己的生与利即托于其中。此种行为，一方面由于知识上的计较，知道众人皆死而一己不能独生；众人皆害而一己不能独利。又一方面，则亦受感情的推动，不忍独生以坐视众人的死，不忍专利以坐视众人的害。更进一步，于必要时，愿舍一己的生以救众人的死，愿舍一己的利以去众人的害，把人我的分别，一己生死利害的关系，统统忘掉了。这种伟大而高尚的行为，是完全发动于感情的。

人人都有感情，而并非都有伟大而高尚的行为，这由于感情推动力的薄弱。要转弱而为强，转薄而为厚，有待于陶养。陶养的工具，为美的对象，陶养的作用，叫作美育。

美的对象，何以能陶养感情？因为他有两种特性：一是普遍；二是超脱。

一瓢之水，一人饮了，他人就没得分润；容足之地，一人占了，他人就没得并立。这种物质上不相入的成例，是助长人我的区别、自私自利的计较的。转而观美的对象，就大不相同。凡味觉、嗅觉、肤觉之含有质的关系者，均不以美论；而美感的发动，乃以摄影及音波辗转传达之视觉与听觉为限。所以纯然有"天下为公"之概；名山大川，人人得而游览；夕阳明月，人人得而赏玩；公园的造像，美术馆的图画，人人得而畅观。齐宣王称"独乐乐不若与人乐乐"，"与少乐乐不若与众乐乐"；陶渊明称"奇文共欣赏"。这都是美的普遍性的证明。

植物的花，不过为果实的准备；而梅、杏、桃、李之属，诗人所咏叹的，以花为多。专供赏玩之花，且有因人择的作用，而不能结的。动物的毛羽，所以御寒，人固有制裘、织呢的习惯；然白鹭之羽，孔雀之尾，乃专以供装饰。宫室可以避风雨就好了，何以要雕刻与彩画？器具可以应用就好了，何以要图案？语言可以达意就好了，何以要特制音调的诗歌？可以证明美的作用，是超越乎利用的范围的。

既有普遍性以打破人我的成见，又有超脱性以透出利害的关系。所以当着重要关头，有"富贵不能淫，贫贱不能移，威武不能屈"的气概；甚且有"杀身以成仁"而不"求生以害仁"的勇敢。这种是完全不由知识的计较，而由于感情的陶养，就是不源于智育，而源于美育。

所以吾人固不可不有一种普通职业，以应利用厚生的需要；而于工作的余暇，又不可不读文学、听音乐、参观美术馆，以谋知识与感情的调和，这样，才算是认识人生的价值了。

关于读经问题

　　读经问题，是现在有些人主张：自小学起，凡学生都应在"十三经"中选出一部或一部以上作为读本的问题。为大学国文系的学生讲一点《诗经》，为历史系的学生讲一点《书经》与《春秋》，为哲学系的学生讲一点《论语》《孟子》《易传》与《礼记》，是可以赞成的。为中学生选几篇经传的文章，编入文言文读本，也是可以赞成的。若要小学生也读一点经，我觉得不妥当，认为无益而有损。

　　主张读经的人，一定认为经中有很好的格言，可以终身应用，所以要读熟它。但是有用的格言，我们可以用别种方式发挥它，不一定要用原文，例如《论语》说恕字，是："己所不欲，勿施于人。"又说是："我不欲人之加诸我也，我亦欲无加诸人。"在《礼记·中庸篇》说是："施诸己而不愿，亦勿施诸人。"在《大学篇》说是："絜矩之道：所恶于上，毋以使下；所欲于下，毋以事上；所恶于前，毋以先后；所恶于后，毋以从前；所恶于右，毋以交于左；所恶于左，毋以交于右。"在《孟子》说是："爱人者人恒爱之；敬人者人恒敬之。"又说："杀人之父，人亦杀其父；杀人之兄，人亦杀其兄。"这当然都是颠扑不破的格言，但太抽象了，儿童不容易领会；我们若用"并坐不横肱"等具体事件，或用"狐以盘饲鹤，鹤以瓶饲狐"等寓言证明这种理论，反能引起兴趣。又如《论语》说："志士仁人，有杀身以成仁，无求生以害仁。"《孟子》说:"生,我所欲也;义,亦我所欲也。二者不可得兼,舍生而取义者也。"也说得斩钉截铁的样子,但是同儿童说明,甚难了解。我们要是借黄花岗七十二烈士或其他先烈的传记来证明,就比较的有意思了。所以我认为呆读经文,没有多大益处。在司马迁《史记》里面,引《书经》的话,已经用翻译法,为什么我们这个时代还要小孩子读经书原文呢?

经书里面,有许多不合于现代事实的话,古人们处他们的时代,不能怪他;若用以教现代的儿童,就不相宜了。例如尊君卑臣、尊男卑女一类的话。又每一部中总有后代人不容易了解的话,《论语》是最平易近人的,然而"凤凰不至""子见南子""色斯举矣"等章,古今成年人都解释不明白,要叫小孩子们硬读,不怕窒碍他们的脑力么?《易经》全部,都是吉凶悔吝等信仰卜筮的话,一展卷就说"潜龙""飞龙"。《诗经》是"国风好色""小雅怨诽",在成人或可体会那不淫不乱的界限,怎样同儿童讲明呢?一开卷就是"窈窕淑女,君子好逑"。《牡丹亭》曲本里的杜丽娘,就因此而引起伤春病,虽是寓言,却实有可以注意的地方。所以我认为小学生读经,是有害的,中学生读整部的经,也是有害的。

(原载于《教育杂志》第 25 卷第 5 期,1935 年 5 月 10 日)

孔子之精神生活

精神生活，是与物质生活对应的名词。孔子尚中庸，并没有绝对地排斥物质生活，如墨子以自苦为极，如佛教的一切唯心造；例如《论语》所记："失饪不食，不时不食""狐貉之厚以居"，谓"卫公子荆善居室""从大夫之后，不可以徒行"，对于衣食住行，大抵持一种素富贵行乎富贵、素贫贱行乎贫贱的态度。但使物质生活与精神生活在不可兼得的时候，孔子一定偏重精神方面。例如孔子说："饭疏食，饮水，曲肱而枕之，乐亦在其中矣；不义而富且贵，于我如浮云。"可见他的精神生活，是决不为物质生活所摇动的。今请把他的精神生活分三方面来观察。

第一，在智的方面。孔子是一个爱智的人，尝说："盖有不知而作之者，我无是也；多闻，择其善者而从之，多见而识之。"又说："多闻阙疑……多见阙殆。"又说："知之为知之，不知为不知，是知也。"可以见他的爱智，是毫不含糊，决非强不知为知的。他教子弟通礼、乐、射、御、书、数的六艺；又为分设德行、言语、政事、文学四科，彼劝人学诗，在心理上指出"兴""观""群""怨"，在伦理上指出"事父""事君"，在生物上指出"多识于鸟兽草木之名"。（他如《国语》说：孔子识肃慎氏之石砮，防风氏骨节，是考古学；《家语》说：孔子知萍实，知商羊，是生物学；但都不甚可信。）可以见知力范围的广大。至于知力的最高点，是道，就是最后的目的，所以说："朝闻道，夕死可矣。"这是何等的高尚！

第二，在仁的方面。从亲爱起点，"泛爱众，而亲仁"，便是仁的出发点。他的进行的方法用恕字，消极的是"己所不欲，勿施于人"；积极的是"己欲立而立人，己欲达而达人"。他的普遍的要求，是"君子无终食之间违仁，造次必于是，颠沛必于是"。他的最高点，是"伯夷、叔齐，古之贤人也，求仁而得仁，又何怨？""志士仁人，无求生以害仁，有杀身以成仁。"这是何等伟大！

第三，在勇的方面。消极的以见义不为为无勇；积极的以童汪踦能执干戈卫社稷可无殇。但孔子对于勇，却不同仁、智的无限推进，而时加以节制。例如说："小不忍则乱大谋。""一朝之忿，忘其身以及其亲，非惑欤？""好勇不好学，其蔽也乱。""君子有勇而无义为乱，小人有勇而无义为盗。""暴虎冯河，死而无悔者，吾不与焉，必也临事而惧，好谋而成者也。"这又是何等的谨慎！

孔子的精神生活，除上列三方面观察外，尚有两特点：一是毫无宗教的迷信，二是利用美术的陶养。孔子也言天，也言命，照孟子的解释，莫之为而为是天，莫之致而致是命，等于数学上的未知数，毫无宗教的气味。凡宗教不是多神，便是一神；孔子不语神，敬鬼神而远之，说："未能事人，焉能事鬼？"完全置鬼神于存而不论之列。凡宗教总有一种死后的世界；孔子说："未知生，焉知死？""之死而致死之，不仁而不可为也；之死而致生之，不知而不可为也"；毫不能用天堂地狱等说来附会他。凡宗教总有一种祈祷的效验，孔子说"丘之祷久矣""获罪于天，无所祷也"，毫不觉得祈祷的必要。所以孔子的精神上，毫无宗教的分子。

孔子的时代，建筑、雕刻、图画等美术，虽然有一点萌芽，还算是实用与装饰的工具，而不认为独立的美术；那时候认为纯粹美术的是音乐。孔子以乐为六艺之一，在齐闻韶，三月不知肉味。谓："韶尽美矣，又尽善也。"对于音乐的美感，是后人所不及的。

孔子所处的环境与二千年后的今日，很有差别；我们不能说孔子的语言到今日还是句句有价值，也不敢说孔子的行为到今日还是样样可以做模范。但是抽象地提出他精神生活的概略，以智、仁、勇为范围，无宗教的迷信而有音乐的陶养，这是完全可以为师法的。

（原载于《江苏教育》月刊第 5 卷第 9 期）

刘半农先生不死

刘先生死了！为青年模范的刘先生，是永远不会死的！

孔子说："知之者，不如好之者；好之者，不如乐之者。"说学者心理上进展的状况，是最好没有的了。从各种科学中或一种科学的各方面中，择自己性所最近的专研起来，这是知的境界。研究开始了，渐感到这种工作的兴趣。废寝忘餐，只有这个唯一的嗜好，这是好的境界。学成了，在适当的机会应用起来，搜罗新材料，创造新工具，熟能生巧，乐此不疲，虽遇到如何艰难，均不以为意，这是乐的境界。我个人所见到的刘先生，真是具此三种境界的。

刘先生早年求学的状况，我知道的不多；我认识他，是在民国六年，那时候刘先生已经二十余岁了，在大学预科任教员，在《新青年》杂志发表诗文，就在国内作"商量旧学培养新知"的准备，亦未始不可；但他一定要出去留学。到了法国了，以他平日沉浸于文史的习惯，也未尝不可以选点轻松的学科，在讲堂上听听讲，在书本上寻点论文的材料，赚一个博士的证书；然而他经再四考虑以后，终选定了语音学，这是刘先生的知。他选定了这学科以后，对于测验的纤琐，计算的繁重，毫不以为苦；我到巴黎见他时，一问到，他就"头头是道""津津有味"地讲起来；这是刘先生的好。他回国了，在北京大学的国学门研究所，布置语音学实验室，这是他主要的工作。

当然能者多劳，他除北大研究所以外还担任中央研究院史语研究所兼任研究员和各大学院长教务长等职务，并在各杂志或日报上也有相当的发表，但是他的兴趣，还是集中于语音学。他时时有新的发明，如改良测验的仪器，由笨重变为轻便；改良计算的方法，由繁难变为简易，都是他最得意的事。他对于考察方音，决不畏旅行的艰苦；此次由北平经绥远而达百灵庙，染病以后，尚极有兴会，不得已而回平，以至疾笃。亦从无怨天尤人的感想；这是刘先生的乐。以我个人的观察，刘先生可谓实践孔子所说"知之""好之""乐之"的三境界，可以为青年求学者的模范了。

刘先生虽不幸而死，但是无数青年如能以刘先生为模范，而对于所学能由"知之"以至于"好之"而至于"乐之"，则刘先生就永远不死了。

（原载于《青年界》第 6 卷第 3 期）

第三章
德育三十篇：现代公民之德性修养

合　群

　　吾人在此讲堂,有四壁以障风尘;有案有椅,可以坐而作书。壁者,积砖而成;案与椅,则积板而成者也。使其散而为各各之砖与板,则不能有壁与案与椅之作用。又吾人皆有衣服以御寒。衣服者,积绵缕或纤毛而成者也。使其散而为各各之绵缕或纤毛,则不能有衣服之作用。又返而观吾人之身体,实积耳、目、手、足等种种官体而成。此等官体,又积无数之细胞而成。使其散而为各各之官体,又或且散而为各各之细胞,则亦焉能有视听行动之作用哉?

　　吾人之生活于世界也亦然。孤立而自营,则冻馁且或难免;合众人之力以营之,而幸福之生涯、文明之事业,始有可言。例如吾等工业社会,其始固一人之手工耳。集伙授徒,而出品较多。合多数之人以为大工厂,而后能适用机械,扩张利益。合多数工厂之人,组织以为工会,始能渐脱资本家之压制,而为思患预防造福将来之计。岂非合群之效与?

　　吾人最普通之群,始于一家。有家而后有慈幼、养老、分劳、侍疾之事。及合一乡之人以为群,而后有守望之助、学校之设。合一省或一国之人以为群,而后有便利之交通、高深之教育。使合全世界之人以为群,而有无相通、休戚与共,则虽有地力较薄、天灾偶行之所,均不难于补救,而兵战、商战之惨祸,亦得绝迹于世界矣。

舍己为群

积人而成群。群者，所以谋各人公共之利益也。然使群而危险，非群中之人出万死不顾一生之计以保群，而群将亡。则不得已而有舍己为群之义务焉。

舍己为群之理由有二：一曰，己在群中，群亡则己随之而亡。今舍己以救群，群果不亡，己亦未必亡也；即群不亡，而己先不免于亡，亦较之群己俱亡者为胜。此有己之见存者也。一曰，立于群之地位，以观群中之一人，其价值必小于众人所合之群。牺牲其一而可以济众，何惮不为？一人作如是观，则得舍己为群之一人；人人作如是观，则得舍己为群之众人。此无己之见存者也。见不同而舍己为群之决心则一。请以事实证之。一曰从军。战争，罪恶也，然或受野蛮人之攻击，而为防御之战，则不得已也。例如比之受攻于德，比人奋勇而御敌，虽死无悔，谁曰不宜？二曰革命。革命，未有不流血者也。不革命而奴隶于恶政府，则虽生犹死。故不惮流血而为之。例如法国一七八九年之革命，中国数年来之革命，其事前之鼓吹运动而被拘杀者若干人，临时奋斗而死伤者若干人，是皆基于舍己为群者也。三曰暗杀。暗杀者，革命之最简单手段也。歼魁而释从，惩一以儆百，而流血不过五步。古者如荆轲之刺秦王，近者如苏斐亚之杀俄帝尼科拉司第二，皆其例也。四曰为真理牺牲。真理者，和平之发见品也。然成为教会、君党、若贵族之所忌，则非有舍己为群之精神，不敢公言之。例如苏格拉底创新哲学，下狱而被鸩；哥白尼为新天文说，见仇于教皇；巴枯宁道无政府主义，而被囚被逐，是也。

其他如试演飞机、探险南北极之类，在今日以为敢死之事业，虽或由好奇竞胜者之所为，而亦有起于利群之动机者，得附列之。

注意公众卫生

古谚有云："千里不唾井。"言将有千里之行，虽不复汲此井，而不敢唾之以妨人也。殷之法，弃灰于道者有刑，恐其飞扬而眯人目也。孔子曰："君子敝帷不弃，为埋马；敝盖不弃，为埋狗。"言已死之狗、马，皆埋之，勿使暴露，以播其恶臭也。盖古人之注意于公众卫生者，既如此。

今日公众卫生之设备，较古为周。诚以卫生条件，本以清洁力一义。各人所能自营者，身体之澡浴，衣服之更迭，居室之洒扫而已。使其周围之所，污水停潴，废物填委，落叶死兽之腐败者，散布于道周，传染病之霉菌，弥漫于空气，则虽人人自洁其身体、衣服及居室，而卫生之的仍不达。夫是以有公众卫生之设备。例如沟渠必在地中，溷厕必有溜水，道路之扫除，弃物之运移，有专职，有定时，传染病之治疗，有特别医院，皆所以助各人卫生之所不及也。

吾既受此公众卫生之益，则不可任意妨碍之，以自害而害人。毋唾于地；毋倾垢水于沟渠之外；毋弃掷杂物于公共之道路若川流。不幸而有传染之疾，则亟自隔离，暂绝交际。其稍重者，宁移居医院，而勿自溷于稠人广众之间。此吾人对于公众卫生之义务也。

爱护公共之建筑及器物

往者园亭之胜，花鸟之娱，有力者自营之，而自赏之也。今则有公园以供普通之游散；有植物、动物等园，以为赏鉴及研究之资。往者宏博之图书，优美之造象与绘画，历史之纪念品，远方之珍异，有力者得收藏之，而不轻以示人也。今则有藏书楼，以供公众之阅览，有各种博物院，以兴美感而助智育。且也，公园之中，大道之旁，植列树以为庇荫，陈坐具以供休憩，间亦注引清水以资饮料。是等公共之建置，皆吾人共享之利益也。

吾人既有此共同享受之利益，则即有共同爱护之义务；而所以爱护之者，当视一己之住所及器物为尤甚。以其一有损害，则爽然失望者，不止己一人已也。

是故吾人而行于道路，游于公园，则勿以花木之可爱，而轻折其枝叶；勿垢污其坐具，亦勿践踏而刻画之；勿引杖以扰猛兽；勿投石以惊鱼鸟；入藏书楼而有所诵读，若抄录，则当慎护其书，毋使稍有污损；进博物院，则一切陈列品，皆可以目视，而不可手触。有一于此，虽或幸逃典守者之目，而不遭诮让，然吾人良心上之呵责，固不能幸免矣。

尽力于公益

凡吾人共同享受之利益，有共同爱护之责任，此于《注意公众卫生》及《爱护公共之建筑及器物》等篇，所既言者也。顾公益之既成者，吾人当爱之；其公益之未成者，吾人尤不得不建立之。

自昔吾国人于建桥、敷路，及义仓、义塾之属，多不待政府之经营，而相与集资以为之。近日更有独力建设学校者，如浙江之叶君澄衷，以小贩起家，晚年积资至数百万，则出其十分之一，以建设澄衷学堂。江苏之杨君锦春，以木工起家，晚年积资至十余万，则出其十分之三，以建设浦东中学校。其最著者矣。

虽然，公益之举，非必待富而后为之也。山东武君训，丐食以奉母，恨己之失学而流于乞丐也，立志积资以设一校，俾孤贫之子，得受教育，持之十余年，卒达其志。夫无业之乞丐，尚得尽力于公益，况有业者乎?

英之翰回，商人也，自奉甚俭，而勇于为善。尝造伦敦大道；又悯其国育婴院之不善，自至法兰西、荷兰诸国考察之；归而著书，述其所见，于是英之育婴院为之改良。其殁也，遗财不及二千金，悉以散诸孤贫者。英之沙伯，业织麻者也，后为炮厂书记，立志解放黑奴，尝因辩护黑奴之故，而研究民法，卒得直；又与同志设一放奴公司，黑奴之由此而被释者甚众。英之莱伯，铁工也，悯罪人之被赦者，辄因无业而再罹于罪，思有以救助之；其岁入不过百镑，悉心分配，一家衣食之用者若干，教育子女之费若干，余者用以救助被赦而无业之人。彼每日作工，自朝六时至晚六时，而以其暇时及安息日，为被赦之人谋职业。行之十年，所救助者凡三百余人。由此观之，人苟有志于公益，则无论贫富，未有不达其志者，勉之而已。

己所不欲勿施于人

子贡问于孔子曰："有一言而可以终身行之者乎？"孔子曰："其恕乎：己所不欲，勿施于人。"他日，子贡曰："我不欲人之加诸我也，我亦欲无加诸人。"举孔子所告，而申言之也。西方哲学家之言曰："人各自由，而以他人之自由为界。"其义正同。例如我有思想及言论之自由，不欲受人之干涉也，则我亦勿干涉人之思想及言论；我有保卫身体之自由，不欲受人之毁伤也，则我亦勿毁伤人之身体；我有书信秘密之自由，不欲受人之窥探也，则我亦慎勿窥人之秘密；推而我不欲受人之欺诈也，则我慎勿欺诈人；我不欲受人之侮慢也，则我亦慎勿侮慢人。事无大小，一以贯之。

顾我与人之交际，不但有消极之戒律，而又有积极之行为。使由前者而下一转语曰："以己所欲施于人。"其可乎？曰是不尽然。人之所欲，偶有因遗传及习染之不善，而不轨于正者。使一切施之于人，则亦或无益而有损。例如腐败之官僚，喜受属吏之谄媚也，而因以谄媚于上官，可乎？迷信之乡愚，好听教士之附会也，而因以附会于亲族，可乎？至于人所不欲，虽亦间有谬误，如恶闻、直言之类，然使充不欲勿施之义，不敢以直言进人，可以婉言代之，亦未为害也。

且积极之行为，孔子固亦言之曰："己欲立而立人，己欲达而达人。"立者，立身也；达者，道可行于人也。言所施必以立达为界，言所勿施则以己所不欲概括之，诚终身行之而无弊者矣。

责己重而责人轻

孔子曰："躬自厚，而薄责于人，则远怨矣。"韩退之又申明之曰："古之君子，其责己也重以周，其责人也轻以约。重以周，故不怠；轻以约，故人乐为善。"其足以反证此义者，孟子言父子责善之非，而述人子之言曰："夫子教我以正，夫子未出于正也。"原伯及先且居皆以效尤为罪咎。椒举曰："唯无瑕者，可以戮人。"皆言责人而不责己之非也。

准人我平等之义，似乎责己重者，责人亦可以重，责人轻者，责己亦可以轻。例如多闻见者笑人固陋，有能力者斥人无用，意以为我既能之，彼何以不能也。又如怙过饰非者，每喜以他人同类之过失以自解，意以为人既为之，我何独不可为也。不知人我固当平等，而既有主观、客观之别，则观察之明晦，显有差池，而责备之度，亦不能不随之而进退。盖人之行为，常含有多数之原因：如遗传之品性，渐染之习惯，熏受之教育，拘牵之境遇，压迫之外缘，激刺之感情，皆有左右行为之势力。行之也为我，则一切原因，皆反省而可得。即使当局易迷，而事后必能审定。既得其因，则迁善改过之为，在此可以致力：其为前定之品性、习惯及教育所驯致耶，将何以矫正之；其为境遇、外缘及感情所逼成耶，将何以调节之。既往不可追，我固自怨自艾；而苟有不得已之故，决不虑我之不肯自谅。其在将来，则操纵之权在我，我何馁焉？至于他人，则其驯致与迫成之因，决非我所能深悉。使我任举推得之一因，而严加责备，宁有当乎？况人人各自有其重责之机会，我又何必越俎而代之？故责己重而责人轻，乃不失平等之真意，否则，迹若平而转为不平之尤矣。

勿畏强而侮弱

崧高之诗曰:"人亦有言:柔则茹之,刚则吐之。唯仲山甫柔而不茹,刚亦不吐,不侮鳏寡,不畏强御。"人类之交际,彼此平等;而古人乃以食物之茹、吐为比例,甚非正当;此仲山甫之所以反之,而自持其不侮弱、不畏强之义务也。

畏强与侮弱,其事虽有施受之殊,其作用亦有消极与积极之别。然无论何一方面,皆蔽于强弱不容平等之谬见。盖我之畏强,以为我弱于彼,不敢与之平等也。则见有弱于我者,自然以彼为不敢与我平等而侮之。又我之侮弱,以为我强于彼,不必与彼平等也,则见有强于我者,自然以彼为不必与我平等而畏之。迹若异而心则同。矫其一,则其他自随之而去矣。

我国壮侠义之行有曰:"路见不平,拔刀相助。"言见有以强侮弱之事,则亟助弱者以抗强者也。夫强者尚未浼我,而我且进与之抗,则岂其浼我而转畏之;弱者与我无涉,而我且即而相助,则岂其近我而转侮之?彼拔刀相助之举,虽曰属之侠义,而抱不平之心,则人所皆有。吾人苟能扩充此心,则畏强侮弱之恶念,自无自而萌芽焉。

爱护弱者

前于《勿畏强而侮弱》说，既言抱不平理。此对于强、弱有冲突时而言也。实则吾人对于弱者，无论何时，常有恻然不安之感想。盖人类心理，以平为安，见有弱于我者，辄感天然之不平，而欲以人力平之。损有余以益不足，此即爱护弱者之原理也。

在进化较浅之动物，已有实行此事者。例如秘鲁之野羊，结队旅行，遇有猎者，则羊之壮而强者，即停足而当保护之冲，俟全队毕过，而后殿之以行。鼠类或以食物饷其同类之瞽者。印度之小鸟，于其同类之瞽者、或受伤者，皆以时赡养之。曾是进化之深如人类，而羊、鼠、小鸟之不如乎？今日普通之人，于舟车登降之际，遇有废疾者，辄为让步，且值其艰于登降而扶持之。坐车中或妇女至而无空座，则起而让之；见其所携之物，有较繁重者，辄为传递而安顿。此皆爱护弱者之一例也。

航行大海之船，猝遇不幸，例必以救生之小舟，先载妇孺。俟有余地，男子始得而占之。其有不明理之男子，敢与妇孺争先者，虽枪毙之，而不为忍。为爱护弱者计，急不暇择故也。

战争之不免杀人，无可如何也。然已降及受伤之士卒，敌国之妇孺，例不得加以残害。德国之飞艇及潜水艇，所加害者众矣；而舆论攻击，尤以其加害于妇孺为口实。亦可以见爱护弱者，为人类之公意焉。

爱　物

孟子有言："亲亲而仁民，仁民而爱物。"人苟有亲仁之心，未有不推以及物者，故曰："君子之于禽兽也：见其生，不忍见其死，闻其声，不忍食其肉。"孟孙猎，得麑，使秦西巴载之，持归，其母随之，秦西巴弗忍而与之。孟孙大怒，逐之。居三月。复召以为子傅，曰："夫不忍于麑，又且忍于儿乎？"可以证爱人之心，通于爱物，古人已公认之。自近世科学进步，所以诱导爱物之心者益甚。

其略如下：

一、古人多持"神造动物以供人用"之说。齐田氏祖于庭，食客千人。中有献鱼雁者。田氏视之，乃叹曰："天之于民厚矣！殖五谷，生鱼鸟，以为之用。"众客和之如响。鲍氏之子，年十二，预于次，进曰："不如君言。天地万物，与我并生，类也。类无贵贱，徒以大小智力而相制，迭相食，非相为而生之。人取可食者而食之，岂天本为人生？且蚊蚋嘬肤，虎狼食肉，岂天本为蚊蚋生人，虎狼生肉者哉？"鲍氏之言进矣。自有生物进化学，而知人为各种动物之进化者，彼此出于同祖，不过族属较疏耳。

二、古人又持"动物唯有知觉，人类独有灵魂"之说。自生理学进步，而知所谓灵魂者，不外意识之总体。又自动物心理学进步，而能言之狗，知算之马，次第发现，亦知动物意识，固亦犹人，特程度较低而已。

三、古人助力之具，唯赖动物。竭其力而犹以为未足，则恒以鞭策叱咤临之，故爱物之心，常为利己心所抑沮。自机械繁兴，转运工业，耕耘之工，向之利用动物者，渐以机械代之。则虐使动物之举，为之渐减。

四、古人食肉为养生之主要。自卫生发见肉食之害，不特为微生虫之传导，且其强死之时，发生一种毒性，有妨于食之者。于是蔬食主义渐行，而屠兽之场可望其日渐淘汰矣。

方今爱护动物之会，流行渐广，而屠猎之举，一时未能绝迹；然授之以渐，必有足以完爱物之量者。昔晋翟庄耕而后食，唯以弋钓为事，及长不复猎。或问："渔猎同是害生之事，先生只去其一，何哉？"庄曰："猎是我，钓是物，未能顿尽，故先节其甚者。"晚节亦不复钓。全世界爱物心之普及，亦必如翟庄之渐进，无可疑也。

戒失信

失信之别有二：曰食言，曰愆期。

食言之失，有原于变计者，如晋文公伐原，命三日之粮，原不降，命去之。谍出曰："原将降矣。"军吏曰："请待之。"是也。有原于善忘者，如卫献公戒孙文子、宁惠子食，日旰不召，而射鸿于囿，是也。有原于轻诺者，如老子所谓"轻诺必寡信"，是也。然晋文公闻军吏之言而答之曰："得原失信，将焉用之？"见变计之不可也。魏文侯与群臣饮酒乐，而天雨，命驾，将适野。左右曰："今日饮酒乐，天又雨，君将安之？"文侯曰："吾与虞人期猎，虽乐，岂可无一会期哉？"乃往身自罢之，不敢忘约也。楚人谚曰："得黄金百，不如得季布诺。"言季布不轻诺，诺则必践也。

愆期之失，有先期者，有后期者，有待人者，有见待于人者。汉郭伋行部，到西河美稷，有童儿数百，各骑竹马，道次迎拜。及事讫，诸儿复送至郭外，问使君何日当还。伋计日告之。行部既还，先期一日，伋谓违信于诸儿，遂止于野，及期乃入。明不当先期也。汉陈太丘与友期行日中，过中不至。太丘舍去。去后乃至。元方时七岁，戏门外。客问元方："尊君在否？"答曰："待君久不至，已去。"友人便怒曰："非人哉，与人期行，相委而去。"元方曰："君与家君期，日中不至，则是失信。"友人惭。明不可后期也。唐肖至忠少与友期诸路。会雨雪。人引避。至忠曰："岂有与人期，可以失信？"友至，乃去。众叹服。待人不愆期也。吴卓恕为人笃信，言不宿诺，与人期约，虽暴风疾雨冰雪无不至。尝从建业还家，辞诸葛恪。恪问何时当复来。恕对曰："某日当复亲觐。"至是日，恪欲为主人，停不饮食，以须恕至。时宾客会者，皆以为会稽、建业相去千里，道阻江湖，风波难必，岂得如期。恕至，一座皆惊。见待于人而不愆期也。

　　夫人与人之关系，所以能预计将来，而一一不失其秩序者，恃有约言。约而不践，则秩序为之紊乱，而猜疑之心滋矣。愆期之失，虽若轻于食言，然足以耗光阴而丧信用，亦不可不亟戒之。

戒狎侮

人类本平等也。而或乃自尊而卑人，于是有狎侮。如王曾与杨亿同为侍从。亿善谈谑，凡寮友无所不狎侮，至与曾言，则曰："吾不敢与戏。"非以自曾以外，皆其所卑视故耶？人类有同情也。而或者乃致人于不快以为快，于是狎侮。如王凤使人蒙虎皮，怖其参军陆英俊几死，因大笑为乐是也。夫吾人以一时轻忽之故，而致违平等之义，失同情之真，又岂得不戒之乎？

古人常有因狎侮而得祸者。如许攸恃功骄慢，尝于聚坐中呼曹操小字曰："某甲，卿非吾不得冀州也。"操笑曰："汝言是也。"然内不乐，后竟杀之。又如严武以世旧待杜甫甚厚，亲诣其家，甫见之，或时不中，而性褊躁，常醉登武床，瞪视曰："严挺之乃有此儿。"武衔之。一日欲杀甫，左右白其母，救得止。夫操、武以不堪狎侮而杀人，固为残暴；然许攸、杜甫，独非自取其咎乎？

历史中有以狎侮而启国际间之战争者。春秋时，晋郤克与鲁臧、孙许同时而聘于齐，齐君之母肖同侄子，踊于踏而窥客，则客或跛或眇。于是使跛者迓跛者，眇者迓眇者，肖同侄子笑之，闻于客。二大夫归，相与率师为鞍大战。齐师大败。盖狎侮之祸如此。

其狎侮人而不受何种之恶报者，亦非无之。如唐高固久在散位，数为侪类所轻笑，及被任为邠宁节度使，众多惧。固一释不问。宋孙文懿公，眉州人，少时家贫，欲赴试京师，自诣县判状。尉李昭言戏之曰："似君人物来试京师者有几？"文懿以第三登第，后判审官院。李昭言者，赴调见文懿，恐甚，意其不忘前日之言也。文懿特差昭言知眉州。如斯之类，受狎侮者诚为大度，而施者已不胜其恐惧矣。然则何乐而为之乎？

是故按之理论，验之事实，狎侮之不可不戒也甚明。

戒谤毁

人皆有是非之心：是曰是，非曰非，宜也。人皆有善善恶恶之情：善者善之，恶者恶之，宜也。唯是一事之是非，一人之善恶，其关系至为复杂，吾人一时之判断，常不能据为定评。吾之所评为是、为善，而或未当也，其害尚小。吾之所评为非、为恶，而或不当，则其害甚大。是以吾人之论人也，苟非公益之所关，责任之所在，恒扬其是与善者，而隐其非与恶者。即不能隐，则见为非而非之，见为恶而恶之，其亦可矣。若本无所谓非与恶，而我虚构之，或其非与恶之程度本浅，而我深文周纳之，则谓之谤毁。谤毁者，吾人所当戒也。

吾人试一究谤毁之动机，果何在乎？将忌其人名誉乎？抑以其人之失意为有利于我乎？抑以其人与我有宿怨，而以是中伤之乎？凡若此者，皆问之良心，无一而可者也。凡毁谤人者，常不能害人，而适以自害。汉申咸毁薛宣不孝，宣子况赇客杨明遮斫咸于宫门外。中丞议不以凡斗论，宜弃市。朝廷直以为遇人，不以义而见疻者，宜与疻人同罪，竟减死。今日文明国法律，或无故而毁人名誉，则被毁者得为赔偿损失之要求，足以证谤毁者之适以自害矣。

古之被谤毁者，亦多持不校之义，所谓止谤莫如自修也。汉班超在西域，卫尉李邑上书，陈西域之功不可成，又盛毁超。章帝怒，切责邑，令诣超受节度。超即遣邑将乌孙侍子还京师。徐干谓超曰："邑前毁君，欲败西域，今何不缘诏书留之，遣他吏送侍子乎？"超曰："以邑毁超，故今遣之。内省不疚。何恤人言？"北齐崔暹言文襄宜亲重邢劭。劭不知，顾时毁暹。文襄不悦，谓暹曰："卿说子才（劭字子才）长，子才专言卿短。此痴人耳。"暹曰："皆是实事。劭不为痴。"皆其例也。虽然，受而不校，固不失为盛德；而自施者一方面观之，不更将无地自容耶？吾人不必问受者之为何如人，而不可不以施为戒。

戒骂詈

吾国人最易患之过失，其骂詈乎？素不相识之人，于无意之中，偶相触连，或驱车负担之时，小不经意，彼此相撞，可以互相谢过了之者，辄矢口骂詈，经时不休。又或朋友戚族之间，论事不合，辄以骂詈继之。或斥以畜类，或辱其家族。此北自幽燕，南至吴粤，大略相等者也。

夫均是人也，而忽以畜类相斥，此何义乎？据生物进化史，人类不过哺乳动物之较为进化者；而爬虫实哺乳动物之祖先。故二十八日之人胎，与日数相等之狗胎、龟胎，甚为类似。然则斥以畜类，其程度较低之义耶？而普通之人，所见初不如是。汉刘宽尝坐有客，遣苍头沽酒。迟久之。大醉而还。客不堪之，骂曰："畜产。"宽须臾，遣人视奴，疑必自杀，顾左右曰："此人也，骂言畜产，辱孰甚焉，故我惧其死也。"又苻秦时，王堕性刚峻，疾董荣如仇雠，略不与言，尝曰："董龙是何鸡狗者，令国士与之言乎？"（龙为董荣之小字。）荣闻而惭憾，遂劝苻生杀之。及刑，荣谓堕曰："君今复敢数董龙作鸡狗乎？"夫或恐自杀，或且杀人，其激刺之烈如此。而今之人，乃以是相詈，恬不为怪，何欤？

父子兄弟，罪不相及，怒一人而辱及其家族，又何义乎？昔卫孙蒯饮马于重丘，毁其瓶，重丘人诟之曰："尔父为厉。"齐威王之见责于周安王也，詈之曰："叱嗟，尔母婢也。"此古人之诟及父母者也。其加以秽辞者，唯嘲戏则有之。《抱朴子·疾谬篇》曰："嘲戏之谈，或及祖考，下逮妇女。"既斥为谬而疾之。陈灵公与孔宁、仪行父通于夏徵舒之母，饮酒于夏氏。公谓行父曰："徵舒似汝。"对曰："亦似君。"灵公卒以是为徵舒所杀。而今之人乃以是相詈，恬不为怪，何欤？

无他，口耳习熟，则虽至不合理之词，亦复不求其故；而人云亦云，如叹词之暗呜咄咤云耳。《说苑》曰："孔子家儿不知骂，生而善教也。"愿明理之人，注意于陋习而矫正之。

文明与奢侈

读人类进化之历史：昔也穴居而野处，今则有完善之宫室；昔也饮血茹毛，食鸟兽之肉而寝其皮，今则有烹饪、裁缝之术；昔也束薪而为炬，陶土而为灯，而今则行之以煤气及电力；昔也椎轮之车，剖木之舟，为小距离之交通，而今则汽车及汽舟，无远弗届；其他一切应用之物，昔粗而今精，昔简单而今复杂，大都如是。故以今较昔，器物之价值，百倍者有之，千倍者有之，甚而万倍、亿倍者亦有之，一若昔节俭而今奢侈，奢侈之度，随文明而俱进。是以厌疾奢侈者，至于并一切之物质文明而屏弃之，如法之卢梭，俄之托尔斯泰是也。

虽然，文明之与奢侈，固若是其密接而不可离乎？是不然。文明者，利用厚生之普及于人人者也。敷道如砥，夫人而行之；漉水使洁，夫人而饮之；广衢之灯，夫人而利其明；公园之音乐，夫人而聆其音；普及教育，平民大学，夫人而可以受之；藏书楼之书，其数巨万，夫人而可以读之；博物院之美术品，其值不赀，夫人而可以赏鉴之。夫是以谓之文明。且此等设施，或以卫生，或以益智，或以进德，其所生之效力，有百千万亿于所费者。故所费虽多，而不得以奢侈论。

奢侈者，一人之费，逾于普通人所费之均数，而又不生何等之善果，或转以发生恶影响。如《吕氏春秋》所谓"出则以车，入则以辇，务以自佚，命之曰招蹶之机；肥酒厚肉，务以自疆，命之曰烂肠之食"是也。此等恶习，本酋长时代所遗留。在昔普通生活低度之时，凡所谓峻宇雕墙，玉杯象箸，长夜之饮，游畋之乐，其超越均数之费者何限？普通生活既渐高其度，即有贵族富豪以穷奢极侈著，而其超越均数之度，决不如酋长时代之甚。故知文明益进，则奢侈益杀。谓今日之文明，尚未能剿灭奢侈则可；以奢侈为文明之产物，则大不可也。吾人当详观文明与奢侈之别，尚其前者，而戒其后者，则折衷之道也。

理信与迷信

人之行为，循一定之标准，而不至彼此互相冲突，前后判若两人者，恃乎其有所信。顾信亦有别，曰理信，曰迷信。差以毫厘，失之千里，不可不察也。

种瓜得瓜，种豆得豆，有是因而后有是果，尽人所能信也。昧理之人，于事理之较为复杂者，辄不能了然。于其因果之相关，则妄归其因于不可知之神，而一切倚赖之。其属于幸福者，曰是神之喜我而佑我也，其属于不幸福者，曰是神之怒而祸我也。于是求所以喜神而免其怒者，祈祷也，祭告也，忏悔也，立种种事神之仪式，而于其所求之果，渺不相涉也。然而人顾信之，是迷信也。

础润而雨，征诸湿也；履霜坚冰至，验诸寒也；敬人者人恒敬之，爱人者人恒爱之，符诸情也；见是因而知其有是果，亦尽人所能信也。昧理之人，既归其一切之因于神，而神之情不可得而实测也，于是不胜其侥幸之心，而欲得一神人间之媒介，以为窥测之机关，遂有巫觋卜人星士之属，承其乏而自欺以欺人：或托为天使，或夸为先知，或卜以龟蓍，或占诸星象，或说以梦兆，或观其气色，或推其诞生年月日时，或相其先人之坟墓，要皆为种种预言之准备，而于其所求果之真因，又渺不相涉也。然而人顾信之，是亦迷信也。

理信则不然，其所见为因果相关者，常积无数之实验，而归纳以得之，故恒足以破往昔之迷信。例如日食、月食，昔人所谓天之警告也，今则知为月影、地影之偶蔽，而可以预定其再见之时。疫疠，昔人所视为神谴者也，今则知为微生物之传染，而可以预防。人类之所以首出万物者，昔人以为天神创造之时，赋畀独厚也；今则知人类为生物进化中之一级，以其观察自然之能力，同类互助之感情，均视他种生物为进步，故程度特高也。是皆理信之证也。

人能祛迷信而持理信，则可以省无谓之营求及希冀，以专力于有益社会之事业，而日有进步矣。

循理与畏威

人生而有爱己爱他之心象，因发为利己利他之行为。行为之己他两利，或利他而不暇利己者为善。利己之过，而不惜害他人者为恶。此古今中外之所同也。

蒙昧之世，人类心象尚隘，见己而不及见他，因而利己害他之行为，所在多有。有知觉较先者，见其事之有害于人群，而思所以防止之，于是有赏罚：善者赏之，恶者罚之，是法律所托始也。是谓酋长之威。酋长之赏罚，不能公平无私也；而其监视之作用，所以为赏罚标准者，又不能周密而无遗。于是隶属于酋长者，又得趋避之术，而不惮于恶；而酋长之威穷。

有济其穷者曰："人之行为，监视之者，不独酋长也，又有神。吾人即独居一室，而不啻十目所视，十手所指。为善则神赐之福，为恶则神降之罚。神之赏罚，不独于其生前，而又及其死后：善者登天堂，而恶者入地狱。"或又为之说曰："神之赏罚，不独于其身，而又及其子孙：善者子孙多且贤，而恶者子孙不肖，甚者绝其嗣。"或又为之说曰："神之赏罚，不唯于其今生也，而又及其来世：善者来世为幸福之人，而恶者则转生为贫苦残废之人，甚者为兽畜。"是皆宗教家之所传说也。是谓神之威。

虽然，神之赏罚，其果如斯响应乎？其未来之苦乐，果足以抑现世之刺冲乎？故有所谓神之威，而人之不能免于恶如故。

且君主也，官吏也，教主也，辄利用酋长之威，及神之威，以强人去善而为恶。其最著者，政治之战、宗教之战是也。于是乎威者不但无成效，而且有流弊。

人智既进，乃有科学。科学者，舍威以求理者也。其理奈何？曰，我之所谓己，人之所谓他也。我之所谓他，人之所谓己也。故观其通，则无所谓己与他，而同谓之人。人之于人，无所不爱，则无所不利。不得已而不能普利，则牺牲其最少数者，以利其最大多数者，初不必问其所牺牲者之为何人也。如是，则为善最乐，又何苦为恶耶？

吾人之所为，既以理为准则，自然无恃乎威；且于流弊滋章之威，务相率而廓清之，以造成自由平等之世界，是则吾人之天责也。

坚忍与顽固

《汉书·律历》云："凡律度量衡用铜。为物至精，不为燥湿寒暑变其节，不为风雨暴露改其形，介然有常，有似于士君子之行。是以用铜。"《考工记》曰："金有六齐：六分其金而锡居一，谓之链鼎之齐；五分其金而锡居一，谓之斧斤之齐；四分其金而锡居一，谓之戈戟之齐；三分其金而锡居一，谓之大刃之齐；五分其金而锡居二，谓之削杀矢之齐；金锡半，谓之鉴燧之齐。"贾疏曰："金谓铜也。"然则铜之质，可由两方面观察之：一则对于外界傥来之境遇，不为所侵蚀也；二则应用于器物之制造，又能调合他金属之长，以自成为种种之品格也。所谓有似于士君子之行者，亦当合两方面而观之。孔子曰："匹夫不可夺其志。"孟子曰："富贵不能淫，贫贱不能移，威武不能屈。"非犹夫铜之不变而有常乎？是谓坚忍。孔子曰："见贤思齐焉。"又曰："多闻择善者而从之。"孟子曰："乐取于人以为善。"荀子曰："君子之学如蜕。"非犹夫铜之资锡以为齐乎？是谓不顽固。

坚忍者，有一定之宗旨以标准行为，而不为反对宗旨之外缘所憧扰，故遇有适合宗旨之新知识，必所欢迎。顽固者本无宗旨，徒对于不习惯之革新，而为无意识之反动；苟外力遇其堕性，则一转而不之返。是故坚忍者必不顽固，而顽固者转不坚忍也。

不观乎有清之季世乎？满洲政府，自慈禧太后以下，因仇视新法之故，而仇视外人，遂有"义和团"之役，可谓顽固矣。然一经庚子联军之压迫，则向之排外者，一转而反为媚外。凡为外人，不问贤否，悉崇拜之；凡为外俗，不问是非，悉仿效之。其不坚忍为何如耶？革命之士，慨政俗之不良，欲输入欧化以救之，可谓不顽固矣。经政府之反对，放逐囚杀，终不能夺其志。其坚忍为何如耶？坚忍与顽固之别。观夫此而益信。

自由与放纵

自由，美德也。若思想，若身体，若言论，若居处，若职业，若集会，无不有一自由之程度。若受外界之压制，而不及其度，则尽力以争之，虽流血亦所不顾，所谓"不自由毋宁死"是也。然若过于其度，而有愧于己，有害于人，则不复为自由，而谓之放纵。放纵者，自由之敌也。

人之思想不缚于宗教，不牵于俗尚，而一以良心为准。此真自由也。若偶有恶劣之思想，为良心所不许，而我故纵容之，使积渐扩张，而势力遂驾于良心之上，则放纵之思想而已。

饥而食，渴而饮，倦而眠，卫生之自由也。然使饮食不节，兴寐无常，养成不良之习惯，则因放纵而转有害于卫生矣。

喜而歌，悲而哭，感情之自由也。然而里有殡，不巷歌，寡妇不夜哭，不敢放纵也。

言论可以自由也，而或乃讦发阴私，指挥淫盗；居处可以自由也，而或于其间为危险之制造，作长夜之喧嚣；职业可以自由也，而或乃造作伪品，贩卖毒物；集会可以自由也，而或以流布迷信，恣行奸邪。诸如此类，皆逞一方面极端之自由，而不以他人之自由为界，皆放纵之咎也。

昔法国之大革命，争自由也，吾人所崇拜也。然其时如罗伯士比及但丁之流，以过度之激烈，恣杀贵族，酿成恐怖时代，则由放纵而流于残忍矣。

近者英国妇女之争选举权，亦争自由也，吾人所不敢菲薄也。然其胁迫政府之策，至于烧毁邮件，破坏美术品，则由放纵而流于粗暴矣。夫以自由之美德，而一涉放纵，则且流于粗暴或残忍之行为而不觉。可不慎欤？

镇定与冷淡

世界蓄变，常有一时突起之现象，非意料所及者。普通人当之，恒不免张皇无措。而弘毅之才，独能不动声色，应机立断，有以扫众人之疑虑，而免其纷乱，是之谓镇定。

昔诸葛亮屯军于阳平，唯留万人守城。司马懿垂至，将士失色，莫之为计。而亮意气自若，令军中偃旗息鼓，大开西城门，扫地却洒。懿疑有伏，引军趋北山。宋刘几知保州，方大会宾客；夜分，忽告有卒为乱；几不问，益令折花劝客。几已密令人分捕，有顷禽至。几复极饮达旦。宋李允则尝宴军，而甲仗库火。允则作乐饮酒不辍。少顷，火息，密檄瀛州以茗笼运器甲，不浃旬，军器完足，人无知者。真宗诘之。曰："兵机所藏，儆火甚严。方宴而焚，必奸人所为。若舍宴救火，事当不测。"是皆不愧为镇定矣。

镇定者，行所无事，而实大有为者也。若目击世变之亟，而曾不稍受其刺激，转以清静无为之说自遭，则不得谓之镇定，而谓之冷淡。

晋之叔世，五胡云扰。王衍居宰辅之任，不以经国为念，而雅咏玄虚。后进之士，景慕仿效，矜高浮诞，遂成风俗。洛阳危逼，多欲迁都以避其难；而衍独卖牛车以安众心。事若近乎镇定。然不及为备，俄而举军为石勒所破。衍将死，顾而言曰："呜呼，吾曹虽不如古人，向若不祖尚浮虚，勠力以匡天下，犹不至今日。"此冷淡之失也。

宋富弼致政于家，为长生之术，吕大临与之书曰："古者三公无职事，唯有德者居之：内则论道于朝，外则主教于乡，古之大人，当是任者，必将以斯道觉斯民，成己以成物，岂以位之进退，年岁之盛衰，而为之变哉？今大道未明，人趋异学，不入于庄，则入于释，人伦不明，万物憔悴。此老成大人恻隐存心之时，以道自任，振起坏俗。若夫移精变气，务求长年，此山谷避世之士，独善其心者之所好，岂世之所以望于公者。"弼谢之。此极言冷淡之不可也。

观衍之临死而悔，弼之得书而谢，知冷淡之弊，不独政治家，即在野者，亦不可不深以为戒焉。

热心与野心

孟子有言:"鸡鸣而起,孳孳为善者,舜之徒也;鸡鸣而起,孳孳为利者,跖之徒也。"二者,孳孳以为之同,而前者以义务为的,谓之"热心";后者以权利为的,谓之"野心"。禹思天下有溺者,犹己溺之;稷思天下有饥者,犹己饥之。此热心也。故禹平水土,稷教稼穑,有功于民。项羽观秦始皇帝曰:"彼可取而代也。"刘邦观秦始皇帝曰:"嗟夫!大丈夫当如是也。"此野心也。故暴秦既灭,刘、项争为天子,血战五年。羽尝曰:"天下汹汹数岁者,徒为吾两人耳。"野心家之贻害于世,盖如此。

美利坚之独立也,华盛顿尽瘁军事,及七年之久。立国以后,革世袭君主之制,而为选举之总统。其被举为总统也,综理政务,至公无私。再任而退职,躬治农圃,不复投入政治之旋涡。及其将死,以家产之一部分,捐助公共教育及其他慈善事业。可谓有热心而无野心者矣。

世固有无野心而并熄其热心者。如长沮桀溺曰:"滔滔者天下皆是也,而谁与易之?"马少游曰:"士生一世,但取衣食裁足,乘下泽车,御款段马,守坟墓,乡里称善人,斯可矣。"是也。凡隐遁之士,多有此失;不知人为社会之一分子,其所以生存者,无一非社会之赐。顾对于社会之所需要,漠然置之,而不一尽其力之所能及乎?范仲淹曰:"士当先天下之忧而忧,后天下之乐而乐。"李燔曰:"凡人不必待仕宦有位为职事方为功业,但随力到处，有以及物，即功业矣。"谅哉言乎！

　　且热心者，非必直接于社会之事业也。科学家闭户自精，若无与世事，而一有发明，则利用厚生之道，辄受其莫大之影响。高上之文学，优越之美术，初若无关于实利，而陶铸性情之力，莫之与京。故孳孳学术之士，不失为热心家。其或恃才傲物，饰智惊愚，则又为学术界之野心，亦不可不戒也。

英锐与浮躁

黄帝曰："日中必熭，操刀必割。"《吕氏春秋》曰："力重突，知贵卒。所为贵骥者，为其一日千里也；旬日取之，与驽骀同。所为贵镞矢者，为其应声而至；终日而至，则与无至同。"此言英锐之要也。周人之谚曰："畏首畏尾，身其余几。"诸葛亮之评刘繇、王郎曰："群疑满腹，众难塞胸。"言不英锐之害也。

楚丘先生年七十。孟尝君曰："先生老矣。"曰："使逐兽麋而搏虎豹，吾已老矣；使出正词而当诸侯，决嫌疑而定犹豫，吾始壮矣。"此老而英锐者也。范滂为清诏使，登车揽辔，慨然有澄清天下之志。此少而英锐者也。

少年英锐之气，常远胜于老人。然纵之太过，则流为浮躁。苏轼论贾谊、晁错曰："贾生天下奇才，所言一时之良策。然请为属国，欲系单于，则是处士之大言，少年之锐气。兵，凶事也，尚易言之，正如赵括之轻秦，李俱之易楚。若文帝亟用其说，则天下殆将不安矣。使贾生尝历艰难，亦必自悔其说。至于晁错，尤号刻薄，为御史大夫，申屠贤相，发愤而死，更改法令，天下骚然。至于七国发难，而错之术穷矣。"韩愈论柳宗元曰："子厚前时少年，勇于为人，不自贵重，顾借谓功业可立就，故坐废退，材不为世用，道不行于时。使子厚在台省时，已能自持其身，如司马刺史时，亦自不斥。"皆惜其英锐之过，涉于浮躁也。夫以贾、晁、柳三氏之才，而一涉浮躁，则一蹶不振，无以伸其志而尽其才。况其才不如三氏者，又安得不兢兢焉以浮躁为戒乎？

果敢与鲁莽

人生于世，非仅仅安常而处顺也，恒遇有艰难之境。艰难之境，又非可畏惧而却走也，于是乎尚果敢。虽然，果敢非盲进之谓。盲进者，鲁莽也。果敢者，有计划，有次第，持定见以进行，而不屈不挠，非贸然从事者也。

禹之治水也，当洪水滔天之际，而其父方以无功见殛，其艰难可知矣。禹于时毅然受任而不辞。凿龙门，辟伊阙，疏九江，决江淮，九年而水土平。彼盖鉴于其父之恃堤防而逆水性、以致败也，一以顺水性为主义。其疏凿排导之功，悉循地势而分别行之，是以奏绩。

墨翟之救宋也，百舍重茧而至楚，以窃疾说楚王。王既无词以对矣，乃托词于公输般之既为云梯，非攻宋不可。墨子乃解带为城，以牒为械，使公输般攻之。公输般九设攻城之机变，墨子九距之。公输般之攻械尽，墨子之守圉有余。公输般诎而曰："吾知所以距子矣，吾不言。"墨子亦曰："吾知子之所以距我，吾不言。"楚王问其故。墨子曰："公输子之意，不过欲杀臣。杀臣，宋莫能守，可攻也。然臣之弟子禽滑厘等三百人，已持臣守圉之器，在城上而待楚寇矣，虽杀臣不能绝也。"楚王曰："善哉！吾请无攻宋。"夫以五千里之楚，欲攻五百里之宋，而又在攻机新成、跃跃欲试之际，乃欲以一处士之口舌阻之，其果敢为何如？虽然，使墨子无守圉之具，又使有其具而无代为守圉之弟子，则墨子亦徒丧其身，而何救于国哉？

蔺相如之奉璧于秦也，挟数从者，赍价值十二连城之重宝，而入虎狼不测之秦，自相如以外，无敢往者。相如既至秦，见秦王无意偿城，则严词责之，且以头璧俱碎之激举胁之。虽贪横无信之秦王，亦不能不为之屈也。非洞明敌人之心理，而预定制御之道，乌能从容如此耶？

夫果敢者，求有济于事，非沾沾然以此自矜也。观于三子之功，足以知果敢之不同于鲁莽，而且唯不鲁莽者，始得为真果敢矣。

精细与多疑

《吕氏春秋》曰："物多类，然而不然。"孔子曰："恶似而非者：恶莠，恐其乱苗也；恶紫，恐其乱朱也；恶郑声，恐其乱雅乐也；恶佞，恐其乱义也；恶利口，恐其乱信也；恶乡愿，恐其乱德也。"《淮南子》曰："嫌疑肖象者，众人之所眩耀：故狠者，类知而非知；愚者，类仁而非仁；戆者，类勇而非勇。"夫物之类似者，大都如此，故人不可以不精细。

孔子曰："众好之，必察焉；众恶之，必察焉。"又曰："视其所以，观其所由，察其所安，人焉廋哉？"庄子曰："人者厚貌深情，故君子远使之而观其敬，烦使之而观其能，卒然问之而观其知，急与之期而观其信，委之以财而观其仁，告之以危而观其节。"皆观人之精细者也。不唯观人而已，律己亦然。曾子曰："吾日三省吾身：为人谋而不忠乎？与朋友交而不信乎？传不习乎？"孟子曰："有人于此，其待我以横逆，则君子必自反：我必不仁也，必无礼也，此物奚宜至哉？其自反而仁矣，自反而有礼矣，其横逆由是也，君子必自反也：我必不忠。自反而忠矣，其横逆由是也，君子曰，此亦妄人也已矣。"盖君子之律己，其精细亦如是。

精细非他，视心力所能及而省察之云尔。若不事省察，而妄用顾虑，则谓之多疑。列子曰："人有亡铁者，意其邻之子；视其行步，窃铁也；颜色，窃铁也；动作态度，无为而不窃铁也。俄而扬其谷，而得其铁。"荀子曰：

"夏首之南有人焉，曰涓蜀梁。其为人也，愚而善畏，明月而宵行，俯视其影，以为伏鬼也，仰视其变，以为立魅也，背而走，比至其家，失气而死。"皆言多疑之弊也。

其他，若韩昭侯恐泄梦言于妻子而独卧；五代张允，家资万计，日携众钥于衣下。多疑如此，皆所谓"天下本无事，庸人自扰之"者也。其与精细，岂可同日语哉？

尚洁与太洁

华人素以不洁闻于世界：体不常浴，衣不时浣，咯痰于地，拭涕于袖，道路不加洒扫，厕所任其熏蒸，饮用之水，不加渗漉，传染之病，不知隔离。小之损一身之康强，大之酿一方之疫疠。此吾侪所痛心疾首，而愿以尚洁互相劝勉者也。

虽然，尚洁亦有分际。沐浴洒扫，一人所能自尽也；公共之清洁，可互约而行之者也。若乃不循常轨，矫枉而过于正，则其弊亦多。

南宋何佟之，一日洗濯十余遍，犹恨不足；元倪瓒盥频频易水，冠服拂拭，日以数十计，斋居前后树石频洗拭；清洪景融每濯面，辄自旦达午不休。此太洁而废时者也。

南齐王思远，诸客有诣己者，觇知衣服垢秽，方便不前，形仪新楚，乃与促膝，及去之后，犹令二人交拂其坐处。庾炳之，士大夫未出户，辄令人拭席洗床；宋米芾不与人共巾器。此太洁而妨人者也。

若乃采访风土，化导夷蛮，挽救孤贫，疗护疾病，势不得不入不洁之地，而接不洁之人。使皆以好洁之故，而裹足不前，则文明无自流布，而人道亦将歇绝矣。汉苏武之在匈奴也，居窟室中，啮雪与毡而吞之。宋洪皓之在金也，以马粪燃火，烘面而食之。宋赵善应，道见病者，必收恤之，躬为煮药。瑞士沛斯泰洛齐集五十余乞儿于一室而教育之。此其人视王思远、庾炳之辈为何如耶？

　　且尚洁之道，亦必推己而及人。秦苻朗与朝士宴会，使小儿跪而开口，唾而含出，谓之肉唾壶。此其昧良，不待言矣。南宋谢景仁居室极净丽，每唾，辄唾左右之衣。事毕，听一日浣濯。虽不似苻朗之忍，然亦纵己而蔑人者也。汉郭泰，每行宿逆旅，辄躬洒扫；及明去后，人至见之曰："此必郭有道昨宿处也。"斯则可以为法者矣。

互助与依赖

西人之寓言曰："有至不幸之甲、乙二人。甲生而瞽，乙有残疾不能行。二人相依为命：甲负乙而行，而乙则指示其方向，遂得互减其苦状。"甲不能视而乙助之，乙不能行而甲助之，互助之义也。

互助之义如此。甲之义务，即乙之权利，而同时乙之义务，亦即甲之权利：互相消，即互相益也。推之而分工之制，一人之所需，恒出于多数人之所为，而此一人之所为，亦还以供多数人之所需。是亦一种复杂之互助云尔。

若乃不尽义务，而唯攫他人义务之产业为己权利，是谓倚赖。

我国旧社会依赖之风最盛。如乞丐，同人人所贱视矣。然而纨绔子弟也，官亲也，帮闲之清客也，各官署之冗员也，凡无所事事而倚人以生活者，何一非乞丐之流亚乎？

《礼·王制》记曰："瘖聋、跛躃、断者、侏儒，各以其器食之。"晋胥臣曰："戚施直镈，蘧篨蒙璆，侏儒扶卢，矇瞍修声，聋聩司火。"废疾之人，且以一艺自赡如此，顾康强无恙，而不以倚赖为耻乎？

往昔慈善家，好赈施贫人。其意甚美，而其事则足以助长倚赖之心。今则出资设贫民工艺厂以代之。饥馑之年，以工代赈。监禁之犯，课以工艺，而代蓄赢利，以为出狱后营生之资本。皆所以绝倚赖之弊也。

幼稚之年，不能不倚人以生，然苟能勤于学业，则壮岁之所致力，足偿宿负而有余。平日勤工节用，蓄其所余，以备不时之需，则虽衰老疾病之时，其力尚足自给，而不至累人，此又自助之义，不背于互助者也。

爱情与淫欲

尽世界人类而爱之，此普通之爱，纯然伦理学性质者也。而又有特别之爱，专行于男女之间者，谓之爱情，则以伦理之爱，而兼生理之爱者也。生理之爱，常因人而有专泛久暂之殊，自有夫妇之制，而爱情乃贞固。此以伦理之爱，范围生理之爱，而始有纯洁之爱情也。

纯洁之爱，何必限于夫妇？曰既有所爱，则必为所爱者保其康健，宁其心情，完其品格，芳其闻誉，而准备其未来之幸福。凡此诸端，准今日社会之制度，唯夫妇足以当之。若于夫妇关系以外，纵生理之爱，而于所爱者之运命，恝然不顾，是不得谓之爱情，而谓之淫欲。其例如下：

一曰纳妾。妾者，多由贫人之女卖身为之。均是人也，而侪诸商品，于心安乎？均是人也，使不得与见爱者敌体，而视为奴隶，于心安乎？一纳妾而夫妇之间，猜嫌迭起，家庭之平和为之破坏：或纵妻以虐妾，或宠妾而疏妻，种种罪恶，相缘以起。稍有人心，何忍出此？

二曰狎妓。妓者，大抵青年贫女，受人诱惑，被人压制，皆不得已而业此。社会上均以无人格视之。吾人方哀矜之不暇，而何忍亵视之？其有为妓脱籍者，固亦救拔之一法；然使不为之慎择佳偶，而占以为妾，则为德不卒，而重自陷于罪恶矣。

三曰奸通。凡曾犯奸通之罪者，无论男女，恒为普通社会所鄙视，而在女子为尤甚，往往以是而摧灭其终身之幸福：甚者自杀，又甚者被杀。吾人兴念及此，有不为之慄慄危惧，而悬为厉禁者乎？

其他不纯洁之爱情，其不可犯之理，大率类是，可推而得之。

方正与拘泥

孟子曰："人有不为也，而后可以有为。"盖人苟无所不为，则是无主宰，无标准，而一随外界之诱导或压制以行动，是乌足以立身而任事哉，故孟子曰："仰不愧于天，俯不怍于人。"又曰："富贵不能淫，贫贱不能移，威武不能屈。"言无论外境如何，而决不为违反良心之事也。孔子曰："非礼勿视，非礼勿听，非礼勿言，非礼勿动。"谓视听言动，无不循乎规则也。是皆方正之义也。

昔梁明山宾家中尝乏困，货所乘牛。既售，受钱，乃谓买主曰："此牛经患漏蹄，疗差已久，恐后脱发，无容不相语。"买主遽取还钱。唐吴兢与刘子玄，撰定《武后实录》，叙张昌宗诱张说诬证魏元忠事。后说为相，读之，心不善，知兢所为，即从容谬谓曰："刘生书魏齐公事，不少假借奈何？"兢曰："子玄已亡，不可受诬地下。兢实书之，其草故在。"说屡以情蕲改。辞曰："徇公之请，何名实录？"卒不改。一则宁失利而不肯欺人，一则既不诬友，又不畏势。皆方正之例也。

然亦有方正之故，而涉于拘泥者。梁刘进，兄献每隔壁呼进。进束带而后语。吴顾恺疾笃，妻出省之，恺命左右扶起，冠帻加袭，趣令妻还。虽皆出于敬礼之意，然以兄弟夫妇之亲，而尚此烦文，亦太过矣。子从父令，正也。然而《孝经》曰："父有争子，则身不陷于不义。"孔子曰："小杖则受，大杖则走，不陷父于不义。"然则从令之说，未可拘泥也。官吏当守法令，正也。然汉汲黯过河南，贫民伤水旱万余家，遂以便宜持节发仓粟以赈贫民，请伏矫制之罪。武帝贤而释之。宋程师孟，提点夔部，无常平粟，建请置仓；遭凶岁，赈民，不足，即矫发他储，不俟报。吏惧，白不可。师孟曰："必俟报，饥者尽死矣。"竟发之。此可为不拘泥者矣。

谨慎与畏葸

果敢之反对为畏葸；而鲁莽之反对为谨慎。知果敢之不同于鲁莽，则谨慎之不同于畏葸，盖可知矣。今再以事实证明之。

孔子，吾国至谨慎之人也，尝曰："谨而信。"又曰："多闻阙疑，慎言其余，多见阙殆，慎行其余。"然而孔子欲行其道，历聘诸侯。其至匡也，匡人误以为阳虎，带甲围之数匝，而孔子弦歌不辍。既去匡，又适卫，适曹，适宋，与弟子习礼大树下。宋司马桓魋，欲杀孔子，拔其树。孔子去，适郑、陈诸国而适蔡。陈、蔡大夫，相与发徒役，围孔子于野，绝粮，七日不火食。孔子讲诵弦歌不衰。围既解，乃适楚，适卫，应鲁哀公之聘而始返鲁。初不以匡、宋、陈、蔡之厄而辍其行也。其作《春秋》也，以传指口授弟子，为有所刺、讥、褒、讳、挹、损之文辞，不可以书见也。是其谨慎也。然而笔则笔，削则削。吴楚之君自称王，而《春秋》贬之曰子。践土之会，晋侯实召周天子，而《春秋》讳之曰：天王狩于河阳。初无所畏也。故曰："慎而无礼则葸。"言谨慎与畏葸之别也。人有恒言曰："诸葛一生唯谨慎。"盖诸葛亮亦吾国至谨慎之人也。其《出师表》有曰："先帝知臣谨慎，故临崩寄臣以大事也。"然而亮南征诸郡，五月渡泸，深入不毛；其伐魏也，六出祁山，患粮不继，则分兵屯田以济之。初不因谨慎而怯战。唯敌军之司马懿，一则于上邦之东，敛兵依险，军不得交，再则于卤城之前，又登山掘营不肯战，斯贾诩、魏平所谓畏蜀如虎者耳。

　　且危险之机，何地蔑有。试验化电，有爆烈之虞；运动机械，有轧轹之虑；车行或遇倾覆；舟行或值风涛；救火则涉于焦烂；侍疫则防其传染。若一切畏缩而不前，不将与木偶等乎？要在谙其理性，预为防范。孟子曰："知命者，不立乎岩墙之下。"汉谚曰："前车覆，后车戒。"斯为谨慎之道，而初非畏葸者之所得而托也。

有恒与保守

有人于此，初习法语，未几而改习英语，又未几而改习俄语，如是者可以通一国之言语乎？不能也。有人于此，初习木工，未几而改习金工，又未几而改习制革之工，如是而可以成良工乎？不能也。事无大小，器无精粗，欲其得手而应心，必经若干次之练习。苟旋作旋辍，则所习者，旋去而无遗。例如吾人幼稚之时，手口无多能力，积二三年之练习，而后能言语，能把握。况其他学术之较为复杂者乎？故人不可以不有恒。

昔巴律西之制造瓷器也，积十八年之试验而后成。蒲丰之著自然史也，历五十年而后成。布申之习图画也，自十余岁以至于老死。使三子者，不久而迁其业，亦乌足以成名哉。

虽然，三子之不迁其业，非保守而不求进步之诈也。巴氏取土器数百，屡改新窑，屡傅新药，以试验之。三试而栗色之土器皆白，宜以自为告成矣；又复试验八年，而始成佳品。又精绘花卉虫鸟之形于其上，而后见重于时。蒲氏所著，十一易其稿，而后公诸世。布氏初学于其乡之匠工，尽其技，师无以为教；犹不自足，乃赴巴黎，得纵目于美术界之大观；犹不自足，立志赴罗马，以贫故，初至佛棱斯而返，继止于里昂，及第三次之行，始达罗马，得纵观古人名作，习解剖学，以古造象为模范而绘之，假绘术书于朋友而读之，技乃大进。晚年法王召之，供奉于巴黎之画院；末二年，即辞职，复赴罗马；及其老而病也，曰："吾年虽老，吾精进之志乃益奋，吾必使吾技达于最高之一境。"向使巴氏以三试之成绩自画，蒲氏以初稿自画，布氏以乡师之所授、巴黎之所得自画，则其著作之价值，又乌能煊赫如是？是则有恒而又不涉于保守之前例也。无恒者，东驰西骛，而无一定之轨道也。保守者，踟躇于容足之地，而常循其故步者也。有恒者，向一定之鹄的，而又无时不进行者也。此三者之别也。

第四章

智育十篇：现代公民之人文教养

文　字

　　人类之思想，所以能高出于其他动物，而且进步不已者，由其有复杂之语言，而又有划一之文字以记载之。盖语言虽足为思想之表识，而不得文字以为之记载，则记忆至艰，不能不限于简单；且传达至近，亦不能有集思广益之作用。自有文字以为记忆及传达之助，则一切已往之思想，均足留以为将来之导线；而交换知识之范围，可以无远弗届。此思想之所以日进于高深，而未有已也。

　　中国象形为文，积文成字，或以会意，或以谐声，而一字常止一声。西洋各国，以字母记声，合声成字，而一字多不止一声。此中西文字不同之大略也。

　　积字而成句，积句而成节，积节而成篇，是谓文章，亦或单谓之文。文有三类：一曰，叙述之文。二曰，描写之文。三曰，辩论之文。叙述之文，或叙自然现象，或叙古今之人事，自然科学之记载，及历史等属之。描写之文，所以写人类之感情，诗、赋、词、曲等属之。辩论之文，所以证明真理，纠正谬误，孔、孟、老、庄之著书，古文中之论说辩难等属之。三类之中，间亦互有出入，如历史常参论断，诗歌或叙故事是也。吾人通信，或叙事，或言情，或辩理，三类之文，随时采用。今之报纸，有论说，有新闻，有诗歌，则兼三类之文而写之。

图　画

　　吾人视觉之所得，皆面也。赖肤觉之助，而后见为体。建筑、雕刻，体面互见之美术也。其有舍体而取面，而于面之中，仍含有体之感觉者，为图画。

　　体之感觉何自起？曰：起于远近之比例，明暗之掩映。西人更益以绘影写光之法，而景状益近于自然。

　　图画之内容：曰人，曰动物，曰植物，曰宫室，曰山水，曰宗教，曰历史，曰风俗。既视建筑雕刻为繁复，而又含有音乐及诗歌之意味，故感人尤深。

　　图画之设色者，用水彩，中外所同也。而西人更有油画，始于"文艺中兴"时代之意大利，迄今盛行。其不设色者，曰水墨，以墨笔为浓淡之烘染者也。曰白描，以细笔勾勒形廓者也。不设色之画，其感人也，纯以形式及笔势，设色之画，其感人也，于形式、笔势以外，兼用激刺。

　　中国画家，自临摹旧作入手。西洋画家，自描写实物入手。故中国之画，自肖像而外，多以意构，虽名山水之图，亦多以记忆所得者为之。西人之画，则人物必有概范，山水必有实景，虽理想派之作，亦先有所本，乃增损而润色之。

　　中国之画，与书法为缘，而多含文学之趣味，西人之画，与建筑、雕刻为缘，而佐以科学之观察，哲学之思想。故中国之画，以气韵胜，善画者多工书而能诗。西人之画，以技能及义蕴胜，善画者或兼建筑、图画二术。而图画之发达，常与科学及哲学相随焉。中国之图画术，托始于虞、夏，备于唐，而极盛于宋，其后为之者较少，而名家亦复辈出。西洋之图画术，托始于希腊，发展于十四、十五世纪，极盛于十六世纪。近三世纪，则学校大备，画人伙颐，而标新领异之才，亦时出于其间焉。

音　乐

音乐者，合多数声音，为有法之组织，以娱耳而移情者也。其所托有二：一曰人声，歌曲是也。二曰音器，自昔以金、石、丝、竹、匏、土、革、木者为之；今所常用者，为金、革、丝、竹四种。音乐中所用之声，以一秒中三十二颤者为最低，八千二百七十六颤者为最高。其间又各自为阶，如二百五十颤至五百十七颤之声为一阶，五百十七颤至千有三十四颤之声又自为一阶等，谓之音阶是也。一音阶之中，吾国古人选取其五声以作乐。其后增为七及九。而西人今日之所用，则有正声七，半声五，凡十二声。

声与声相续，而每声所占之时价，得量为伸缩。以最长者为单位。由是而缩之，为二分之一，四分之一，八分之一，十六分之一，三十二分之一，及六十四分之一焉。同一声也，因乐器之不同，而同中有异，是为音色。

不同之声，有可以相谐的，或隔八位，或隔五位，或隔三位，是为谐音。

合各种高下之声，而调之以时价，文之以谐音，和之以音色，组之而为调、为曲，是为音乐。故音乐者，以有节奏之变动为系统，而又不稍滞于迹象者也。其在生理上，有节宣呼吸、动荡血脉之功。而在心理上，则人生之通式，社会之变态，宇宙之大观，皆得缘是而领会之。此其所以感人深，而移风易俗易也。

戏　剧

　　在闳丽建筑之中，有雕刻、装饰及图画，以代表自然之景物。而又演之以歌舞，和之以音乐，集各种美术之长，使观者心领神会，油然与之同化者，非戏剧之功用乎？我国戏剧，托始于古代之歌舞及俳优；至唐而始有专门之教育；至宋、元而始有完备之曲本；至于今日，戏曲之较为雅驯、声调之较为沉郁者，唯有"昆曲"，而不投时人之好，于是"汉调"及"秦腔"起而代之。汉调亦谓之皮黄，谓西皮及二黄也。秦腔亦谓之梆子。

　　西人之戏剧，托始于希腊，其时已分为悲剧、喜剧两种，各有著名之戏曲。今之戏剧，则大别为歌舞及科白二种。歌舞戏又有三别：一曰正式歌舞剧（Opera），全体皆用歌曲，而性质常倾于悲剧一方面者也。二曰杂体歌舞剧（Opera-Comique），于歌曲之外，兼用说白，而参杂悲剧以喜剧之性质者也。三曰小品歌舞剧（Opèrette），全为喜剧之性质，亦歌曲与说白并行，而结体较为轻佻者也。科白剧又别为二：一曰悲剧（Tragiqne），二曰喜剧（Comédie），皆不歌不舞，不和以音乐，而言语行动，一如社会之习惯。今我国之所谓新剧，即仿此而为之。西人以戏剧为社会教育之一端，故设备甚周。其曲词及说白，皆为著名之文学家所编；学校中或以是为国文教科书。其音谱，则为著名之音乐家所制。其演剧之人，皆因其性之所近，而研究于专门之学校，能洞悉剧本之精意，而以适当之神情写达之。故感人甚深，而有功于社会也。其由戏剧而演出者，又有影戏：有象无声，其感化力虽不及戏剧之巨，然名手所编，亦能以种种动作，写达意境；而自然之胜景，科学之成绩，尤能画其层累曲折之状态，补图书之所未及。亦社会教育之所利赖也。

诗　歌

人皆有情。若喜、若怒、若哀、若乐、若爱、若惧、若怨望、若急迫，凡一切心理上之状态，皆情也；情动于中，则声发于外，于是有都、俞、噫、咨、吁、嗟、呜呼、咄咄、荷荷等词，是谓叹词。

虽然，情之动也，心与事物为缘。若者为其发动之因，若者为其希望之果，且情之程度，或由弱而强，或由强而弱，或由甲种之情而嬗为乙种，或合数种之情而冶诸一炉，有决非简单之叹词所能写者，于是以抑扬之声调，复杂之语言形容之。而诗歌作焉。

声调者，韵也，平，侧声也。"平"者，声之位于长短疾徐之间者也，其最长最徐之声曰"去"，较短较徐之声曰"上"，最短最徐之声曰"入"。三者旨为侧声。

语言者，词句也。古者每句多四言，而其后多五言及七言，以八句为一首者，曰律诗；十二句以上，曰排律；四句者，曰绝句（绝句偶有六言者）。古体诗则句数无定。诗之字句有定数，而歌者或不能不延一字为数声，或麾数字为一声，于是乎有准歌声之延麾以为诗者，古者谓之乐府，后世则谓之词。词之复杂而通俗者谓之曲，词所用之字，不唯辨平侧，而又别清浊，所以谐于歌也。

古者别诗之性质为三：曰风，曰雅，曰颂。风，纯乎言情者也；雅，言情而兼叙事者也；颂，所以赞美功德者也。后世之诗，亦不外乎此三者。与诗相类者有赋，有骈文。其声调皆不如诗之谨严。赋有韵，而骈文则不必有韵。

历　史

　　历史者，记载已往社会之现象，以垂示将来者也。吾人读历史而得古人之知识，据以为基本，而益加研究，此人类知识之所以进步也。吾人读历史而知古人之行为，辨其是非，究其成败，法是与成者，而戒其非与败者，此人类道德与事业之所以进步也。是历史之益也。

　　我国历史旧分三体：一曰纪传体。为君主作本纪，为其他重要之人物作列传，又作表以记世系及大事，作志以记典章：如《史记》《汉书》等"二十四史"是也。二曰编年体，循事记事，便于稽前后之关系：如《左氏春秋传》及《资治通鉴》等是也。三曰纪事本末体。每纪一事，自为首尾，便于索相承之因果：如《尚书》及《通鉴纪事本末》等是也。三者皆以政治为主，而其他诸事附属之。

　　新体之历史，不偏重政治，而注意于人文进化之轨辙。凡夫风俗之变迁，实业之发展，学术之盛衰，皆分治其条流，而又综论其统系。是谓文明史。

　　又有专门记载，如哲学史、文学史、科学史、美术史之类。是为文明史之一部分，我国纪传史中之儒林，文苑诸传，及其他《宋元学案》《畴人传》《画人传》等书，皆其类也。

地　理

地理者，所以考地球之位置区划及其与人生之关系者也，可别为三部。

一曰数学地理：如地球与日球及其他行星之关系，及其自转、公转之规则等是也。此吾人所以有昼夜之分，与夫春、夏、秋、冬之别。

二曰天然地理：如土壤之性质，山脉、河流之形势，动、植、矿各物之分布，气候之递变，雨量、风向之比例等是也。吾人之状貌、性情、习尚及职业，往往随所居之地而互相差别者，以此。

三曰人文地理：又别为二。其一，关于政治，如大地分为若干国，有中华民国及法国等。一国之中，又分为若干省，如中华民国有二十四省，法国有八十六省是也。其不编为省者曰属地，如法国有安南及美、非、澳诸州属地是也。其二，关于生计，如物产之丰啬，铁道、运河之交通，农、林、渔、牧之区域，工商之都会等是也。二者，皆地理与人生有直接之关系者也。故谓之人文地理。

凡记载此等各部之现状者，谓之地理志，亦曰地志。合全地球而记载之，是谓世界地志。其限于一国者，为某国地志，如中华民国地志，及法国地志等是也。地理非图不明，故志必有图，而图不必皆附于志。

建　筑

　　人之生也，不能无衣、食与宫室。而此三者，常于实用之外，又参以美术之意味。如食物本以适口腹也，而装置又求其悦目；衣服本以御寒暑也，而花样常见其翻新；宫室本以蔽风雨也，而建筑之术，尤于美学上有独立之价值焉。

　　建筑者，集众材而成者也。凡材品质之精粗，形式之曲直，皆有影响于吾人之感情。及其集多数之材，而成为有机体之组织，则尤有以代表一种之人生观。而容体气韵，与吾人息息相通焉。

　　吾国建筑之中，具美术性质者，略有七种：一曰宫殿。古代帝王之居处与陵寝，及其他佛寺道观等是也。率皆四阿而重檐，上有飞甍，下有崇阶，朱门碧瓦，所以表尊严富丽之观者也。二曰别墅。萧斋邃馆，曲榭回廊，间之以亭台，映之以泉石，宁朴毋华，宁疏毋密，大抵极清幽潇洒之致焉。三曰桥。叠石为穹隆式，与罗马建筑相类。唯罗马人广行此式，而我国则自桥以外罕用之。四曰城。叠砖石为之，环以雉堞，隆以谯门，所以环卫都邑也。而坚整之概，有可观者，以万里长城为最著。五曰华表。树于陵墓之前，间用六面形，而圆者特多，冠以柱头，承以文础，颇似希腊神祠之列栏；而两相对立，则又若埃及之方尖塔然。六曰坊。所以旌表名誉，树于康衢或陵墓之前，颇似欧洲之凯旋门，唯彼用穹形，而我用平构，斯其异点也。七曰塔。本诸印度而参以我国固有之风味，有七级、九级、十三级之别，恒附于佛寺，与欧洲教堂之塔相类；唯常于佛殿以外，呈独立之观，与彼方之组入全堂结构者不同。要之，我国建筑，既不如埃及式之阔大，亦不类峨特式之高骞，而秩序谨严，配置精巧，为吾族数千年来守礼法尚实际之精神所表示焉。

雕　刻

　　音乐，建筑皆足以表示人生观；而表示之最直接者为雕刻。雕刻者，以木、石、金、土之属，刻之范之，为种种人物之形象者也。其所取材，率在历史之事实，现今之风俗，即有推本神话宗教者，亦犹是人生观之代表云尔。

　　雕刻之术，大别为二类：一浅雕凸雕之属，象不离璞，仅以圻堮起伏之文写示之者也。如山东嘉祥之汉武梁祠画像，及山西大名之北魏造像等属之。一具体之造像，雕刻之工，面面俱到者也。如商武乙为偶人以象天神，秦始皇铸金人十二，及后世一切神祠佛寺之像皆属之。

　　雕刻之精者，一曰匀称，各部分之长短肥瘠，互相比例，不违天然之状态也。二曰致密，琢磨之工，无懈可击也。三曰浑成，无斧凿痕也。四曰生动，仪态万方，合于力学之公例，神情活现，合于心理学之公例也。吾国之以雕刻名者，为晋之戴逵，尝刻一佛像，自隐帐中，听人臧否，随而改之。如是者十年，厥工方就。然其像不传。其后以塑像名者，唐有杨惠之，元有刘元。西方则古代希腊之雕刻，优美绝伦；而十五世纪以来，意、法、德、英诸国，亦复名家辈出。吾人试一游巴黎之鲁佛尔及卢克逊堡博物院，则希腊及法国之雕刻术，可略见一斑矣。

　　相传越王勾践尝以金铸范蠡之像，是为我国铸造肖像之始。然后世鲜用之。西方则自罗马时竞尚雕铸肖像，至今未沫。或以石，或以铜，无不面目逼真焉。

我国尚仪式，而西人尚自然，故我国造像，自如来袒胸，观音赤足，仍印度旧式外，鲜不具冠服者。西方则自希腊以来，喜为裸像；其为骨骼之修广，筋肉之张弛，悉以解剖术为准。作者固不能不先有所研究，观者亦得为练达身体之一助焉。

装　饰

　　装饰者，最普通之美术也。其所取之材，曰石类，曰金类，曰陶土，此取诸矿物者也；曰木，曰草，曰藤，曰棉，曰麻，曰果核，曰漆，此取诸植物者也；曰介，曰角，曰骨，曰牙，曰皮，曰毛羽，曰丝，此取诸动物者也。其所施之技，曰刻，曰铸，曰陶，曰镶，曰编，曰织，曰绣，曰绘。其所写像者，曰几何学之线面，曰动植物及人类之形状，曰神话宗教，及社会之事变。其所附丽者，曰身体，曰被服，曰器用，曰宫室，曰都市。

　　身体之装饰，一曰文身，二曰亏体。文身之饰，或绘或刺，为未开化所常有。我国今唯演剧时或以粉墨涂面；而臂上花绣，则唯我国之拳棒家，外国之航海家，间或有之。亏体之饰，如野蛮人穿鼻悬环，凿唇安木之属，我国妇女，旧有缠足、穿耳之习，亦其类也。

　　被服之装饰，如冠、服、带、佩及一切金、钻、珠、玉之饰皆是。近世文明民族，已日趋简素；唯帝王、贵族及军人，犹有特别之制服；而妇女冠服，尚喜翻新。巴黎新式女服。常为全欧模范。德、法奸战以后，德政府尝欲创日耳曼式以代之，而德之妇女，未能从焉。

　　器用之装饰，大之如坐卧具，小之如陈设品皆是。我国如商、周之钟鼎，汉之铲镜，宋以后之瓷器，皆其选也。

　　宫室之装饰，如檐楣柱头，多有刻文；承尘及壁，或施绘画；集色彩之玻板以为窗，缀斑驳之石片以敷地，皆是。其他若窗幕、地毯之类，亦附属之。

都市之装饰，如《考工记》："匠人营国，方九里，旁三门，国中九经九纬，经涂九轨。"所以求均称而表庄严也。巴黎一市，塞纳河左右，纬以长桥，界为驰道，间以广场，文以崇闳之建筑，疏以广大之园林，积渐布置，蔚成大观；而驰道之旁，荫以列树，芬以花塍；广场及公园之中，古木杂花，喷泉造像，分合错综，悉具意匠。是皆所以餍公众之美感，而非一人一家之所得而私也。

由是观之，人智进步，则装饰之道，渐异其范围。身体之装饰，为未开化时代所尚；都市之装饰，则非文化发达之国，不能注意，由近而远，由私而公，可以观世运矣。

下编

引领时代风气的大先生

第五章
从旧时代脱颖而出

蔡元培家事

蔡朝晖

　　祖父 1868 年生于浙江山阴（今绍兴市），26 岁以前一直生活在绍兴。钟灵毓秀的越中家乡山水，名贤辈出。浓郁的学术文化气氛，是他青少年时代成长的环境，他出生在从高祖以下世代经商的家庭，在他和他的六叔若山公之前没有得到功名的。但是从家中相传，他的祖父、先高祖佳木公少年时勤苦读书，因家贫买不起熏蚊烟，夏夜把两脚放在瓮里读书的逸事来看，家庭里注重读书是有传统的。

　　他的父亲、先曾祖耀山公在世时在钱庄任经理，家境还比较宽裕，在家请塾师任教，11 岁耀山公去世，家道中落。耀山公待人宽厚，别人欠的账常不忍追索，因此几乎没有积蓄，先曾祖母周夫人慈爱而能干，耀山公去世后，欠款者都主动来归还。周夫人倚靠这笔款，又卖去首饰，节俭度日，为教育三个孩子倾注全部心血。对于祖父的学习，她尤其关心，常常陪他学习到深夜。有一次祖父夜里写文章，曾祖母觉得夜已太深，人也太倦，思路不能开展，叫祖父索性睡了，黎明再催他起来写。果然，祖父一早起来就一挥而就，并从此养成终身不喜熬夜而宁可早起的习惯。

　　（选自《蔡元培青少年时代的读书生活》，原载于《绍兴文史资料选辑》第 14 辑，政协浙江省绍兴县文史委编）

科举道路前的艰苦跋涉

蔡朝晖

祖父六岁进家塾。接受塾师周先生的教育，耀山公去世后，家里没有能力续聘塾师，12 岁时就到对门李申甫先生的私塾就读，开始读《百家姓》《千字文》《神童诗》，然后读《大学》《中庸》《论语》《孟子》四书。读完后再读五经，当时塾师教导，是以诵读为主要功课的。先生坐着朗读，学生站在先生边上跟着读，然后回座位复读，一直到能背诵，课文的意义则完全不作解释（到读五经才稍作解释）。偶有背错，就责打手心，多的到几百下。这种靠打骂的压力来督促学习的做法，当时在绍兴，乃至全国都很通行。祖父在 1901 年写的《学堂教科论》一文中，曾对这种造成孩子"视学塾如图圄，见先生如狱吏"的情况做了深入的批判，指出它对国民性造成的许多坏影响。

读书、背诵之外，还有两种功课：习字和对课。习字先用描红法，买来红印范本，先由先生把着手依样描字。然后用墨印的或先生写的范本做"影格"，拿纸蒙着照样摹写。最后，再取名人字帖，看熟了临写。对课是造句的初阶。先生出上联，学生对下联，词类品性都要求相近，平仄则要相对，从一字对到四字，这种训练既是为作文，也是为作诗打基础。

这三门功课，再加上识字，就是学塾给初学阶段学生的全部教学内容，它给学生在文字、书法方面打下了点基础，又让他们能生吞活剥地熟记四书五经，最终都是为将来应试做准备。祖父当年就是在这种严格近于苛刻的读书环境中经受了洗礼。13岁时，在通过了这第一步训练的基础上，开始去学习科举道路上的主要本领——作"制艺"，也就是通常所称的"八股文"。八股是明、清两朝科举考试所用的一种形式限制很严格的文体，每篇文章都先有破题、承题、起讲、领题，然后分成八股（或六股），最后作结论，死板划一。题目都从四书中出来。对经义的理解又必须按照朱熹的解释。那时的教育既以科名仕宦为最终目的，塾师授课当然必须迎合科举考试的需要。在背诵经书之外，还要学生把大量的精力放在背诵八股名家的范文，模仿他们的写作上。这种八股文教育，所起的只是束缚青年学子思想、个性的作用。祖父后来（1918年）曾说，这种"教育预定一目的，而强受教育以教之"的教育，不问学生的性情、资质而强令划一，"如凶汉之剖析幼童，令为奇形怪状"，追想及之，令人不寒而栗。可以看出，早年的亲身经历也使他能更深刻地看出三种教育造成的危害，而坚决主张与它相反的"展个性，尚自然"的教育观点。

他14岁的时候就学于设馆在探花桥的王子庄先生处，此时他已修读过四书及《诗》《书》《易》三经和删去丧礼的《小戴记》（考试不考丧礼，所以无须读），正在读《春秋左氏传》。王先生让他习作应考的文章。当时读书严格划定允许的范围，禁看一切"杂书"，因为考试时用了四书五经以外的典故、辞藻，一定不被录取。所以，《三国演义》是绝对看不得的。要等将来中了秀才，才可以看陈寿《三国志》。即便是《战国策》，王先生也说看不得。实际上，当时禁看的"杂书"，已经到了四书五经以外一切书籍的范围。

王先生是一位老秀才，在家设塾授徒20多年，对学生关切备至，对于祖父特别给予策励。教学上循循善诱，多用启发，他的禁看"杂书"，无非是为学生应考着想，其实他自己是博览群书的。在八股文以外，也喜看宋明理学方面的书，特别钦仰明末的乡先贤刘宗周，给书斋起名师蕺山房（刘宗周号蕺山，清兵南下弘光朝廷复亡，绝食死）。在他的影响下，祖父20岁以前也最崇拜宋儒。祖父事亲至孝，想给他的母亲周夫人治病，曾经割臂肉去煎药。这自然是出于至性。至于后来他又居丧时坚持要行"寝苫枕块"的古礼，则是崇拜宋儒所致了。

王先生喜读明季掌故，在讲八股文家逸事时，常讲抗清死难的金声、黄淳耀的忠义，也常讲反清的理学家吕留良的故事，对于牵连吕氏的文字狱曾静一案，深表不平，可以想见，他在讲述这些遗闻逸事时流露的民族意识，对少年时代的祖父，定会产生影响。

(选自《蔡元培青少年时代的读书生活》，原载于《绍兴文史资料选辑》第 14 辑，政协浙江省绍兴县文史委编)

在阅读中萌生进步思想

蔡朝晖

祖父在王先生门下学习五年，从 15 岁到 17 岁，考了三次小考，在第三次中了秀才。18 岁不再往王先生处就读，而先后在姚、单二家任塾师。这时他已不受禁看"杂书"的约束，并且也不再学习作八股文而放胆去读各种书。祖父对追求知识本来有浓厚的兴趣，一旦从"禁锢"中解放出来，就以最高的积极性投入所能接触的一切典籍中，那时他还没有能力买许多书。幸而他的六叔茗山公有一点藏书，他可以随意借阅，其中如《说文通训定声》《章氏遗书》《绝妙好辞笺》等，却是他当时最喜欢读的。

从八股文的羁绊中摆脱出来后，祖父最初的兴趣在"词章"，练习做散文、骈文，特别欣赏章学诚氏在《言公》一文中所主张的观点，赞同他对搭空架子、抄旧话兵的文弊的指责，可以想见，他当时写作文章也是努力矫正这种弊病的。

一年以后，读了王引之、段玉裁等乾嘉朴学家的书，他学问上的兴趣转考据、训诂之学，继乾嘉学者的余绪，在小学、经学、史学方面都下了不少功夫，当时对他影响最深的，是朱骏声的《说文通训定声》、章学诚的《文史通义》和俞正燮的《癸巳类稿》《癸巳存稿》。朱氏对于字义的引申、假借的见解，对于前人只知会意、不知谐声的纠正。章氏关于修史应先有繁博的长编，而后可以有圆神的正史的主张。俞氏认识人权、认识时代的观点都是他最为钦佩的。乾嘉学者著作如林，祖父当时却特别喜爱读这三位先辈的书，欣赏他们在所研究的领域中独树一帜，提出前人所未发的思想、观点。从这方面的爱好，也可看出他本人不愿墨守前人窠臼而锐意创新的志趣了。

正当祖父一边在私塾教书，一边自由阅读，钻研考据、词章之学，兴致很高的时候，他又得到了一个更好的读书机会。那时他常常写作散文、骈文，深受一位前辈——田春农先生的赏识。每有所作，田先生看了一定大加赞赏，认为是可造之才。以后，就推荐他到富于藏书的水澄巷徐家，一方面为徐家子弟伴读，另一方面又为校勘所刻的《绍兴先正遗书》《铸史斋丛书》等。徐家富裕的藏书，校勘典籍的工作条件，对于酷爱读书的他，无异于又进入了一个开阔的天地，学问自然有了更大的进展。那时常在徐家的还有几位学识上各有所长的学者可以请益。祖父的几位年龄相近的好友薛阆轩、马湄莼等，都爱好训诂考据之学，也常来看书谈天，切磋学问，已无形之中以他为核心而结合起来，进行学术活动。曾由他发起一起编几部大部头书，如《廿四史索引》《经籍纂诂补正》等，但后来又都因他的兴趣转移而改变计划，祖父后来主持各种工作，都最善于凝聚人才，在水澄巷徐家时的活动，可以说是显示这种凝聚力的开端。

当时他思想既很活跃，兴趣也极广泛，虽然主要致力于词章、考据，但又"以一物不知为耻"，所以医学、数学、天文的书，也都不放过。在那时候的绍兴，还不可能接触刚开始传入的"西学"，但中国传统文化中各方面的精粹，已都包容在他兴趣范围之中了，特别是一些清代学者在伦理、哲学思想上的有进步意义的观点，对他有很深的影响，这些进步思想的萌芽，对于他后接受本来自西方的人权、进化观点是起了推动作用的。

祖父最钦佩的是为妇女鸣不平的俞正燮，他在晚年曾说，他在十几岁时读了俞氏的书就"深好之"，"历五十年而好之如故"。他认为《易经》到清代学者都遵守男尊女卑的成见，俞先生却在他的《女子称谓贵重》《姬姨》《娣姒义》《妒非女人恶德论》等许多篇文章中，从各方面论证男女平等的思想，他还批驳片面要求女子贞烈的观点，说："男儿以忠义自贵则可耳，妇女贞烈，岂是男子荣耀也。"祖父后来积极主张男女平等，自然受到俞氏启蒙思想的影响。

祖父从俞氏著作得到深刻印象的另一个观点是"认识时代"，即每一时代有每一时代的见解和推想，不能把后人的见解装到古人身上去，而应当从时代的变化来理解观念的变迁。另外，祖父又从爱好龚自珍的著作，接触到常州学派学者庄存与、刘逢禄等《春秋》公羊学的观点。常州学派不拘守考据训诂之学，而主张发扬《春秋》的"微言大义"；其中有公羊学的"张三世"的观点，认为历史演变有据乱世、升平世、太平世三个阶段。这实际是反映了人们对时代演进最终会走向"太平世"的向往。龚自珍则在这基础上更发展了求"更法"的改革思想。祖父在潜心于考据、训诂三四年之后，开始研究公羊学说，曾想编一部《春秋公羊大义》。后来在 1893 年还写过一篇文章，用借古喻今的笔调，抒发他对时局的看法，也发挥了公羊三世的观点，他的朋友评论这篇文章，称他是当代的龚自珍，可以看出龚氏的学说对他的影响。

清代的思想家中，祖父平生最尊崇黄宗羲、戴震和俞正燮，除俞氏外，他还特别推重黄氏著作中的《原君》《原臣》诸篇和戴氏反对宋儒存理去欲观念的主张，他在 1910 年撰写《中国伦理学史》时说"……梨洲、东原、理初诸家，则已渐脱有宋以来理学之羁绊，是殆为自由思想之先声"。早在戊戌前后，他在接受西方学说时，就曾拿孟子和黄梨洲等的学说来对照而觉得"理顺"。他对理、欲关系的看法也较近于戴氏。据说在他的乡试卷中曾引用了"饮食男女，人之大欲存焉"。黄、戴二氏对他的影响，应当也是较早就开始的。

祖父一向主张学术上要博采众家之长。他从 20 岁以后，就不喜欢程、朱理学，与当时绍兴治理学的学者所组织的"志学会""时相菲薄"。但他对"志学会"提出的愿天下无贫人、无病人、无恶人这"三大愿"，却十分赞赏，一直到晚年还印象很深而加以赞扬。他年轻时治学固然以孔孟儒家的宗旨为指归，但对于周秦诸子也都非常重视，在他的殿试策论对和写的文章里都说诸家"相反而相成"，把儒、墨并称，主张"采儒、墨之善，撮名、法之要，因阴阳之大顺，因时为业，无所不宜"这一相反相成的观点，也可以说是他兼容各家的思想的最初萌芽。

（选自《蔡元培青少年时代的读书生活》，原载于《绍兴文史资料选辑》第14辑，政协浙江省绍兴县文史委编）

"都无作官意，唯有读书声"

蔡朝晖

祖父从 17 岁起自由阅读，寝馈于词章、考据，公羊之学。虽然他在科举道路上还刚跨上"进学"（中秀才）这一最低台阶，但已经不把应试的八股文放在心上。在这以后的六年间，他参加了三次乡试，前两次都没有中，他也不在意。考试时写文章都只凭自己的兴会，"称意而书"，对于向来奉为准绳的朱熹的学说，也有不同的意见，这固然是由于他对学问的热切追求，使他不会轻易放弃自己的观点，也是因为他对名利的淡泊，对科举功名的得失能以超脱的意境去对待。幸运的是，这种态度却也在自己的家族中得到认可，还在他 15 岁第一次考秀才而未中时，他的四叔燕山公给他写的一封慰问信就提到"人之才不才，不在功名之有不有"，中秀才"何真有好处，不过一刻之欢喜，平日之名色而已，而中元、拜相亦是眼前虚，归根总要学问品行为重耳"这种开明的思想，对于祖父对待科名的恬淡态度自然是一种重要的支持。[1]

明清两代以八股取士，行之近六百年。清朝朴学昌盛，但与考试并不沾边。虽然有些有学问的人很鄙薄制艺家的"俗学"。但科举既是知识分子晋升的必由之路，精通八股文也就成了学子想有成就的唯一门径。祖父这时已

---

[1] 据先祖父的堂侄女蔡泳常女士（已故）生前提供。

饱读了周秦诸子、历代名家的文章，熟悉古文字学，在写文章时全不考虑考试要求的陈规旧例，而喜欢用经书、子书中古僻的假借字和倒句互文的古句法，常常使人读不通。以为怪僻，渐渐以"怪八股"而知名，他既不计较名的得失，在应试时竟也用这种文体去写作。没有料到在1889年、1890年两年（时年23、24岁）却在乡试、会试中连捷，会试后他因想到殿试、朝考都以书法为主要要求，考试向来要求写"馆阁体"，而他不擅于写这种字体，就准备推迟到下一科来应试而回家乡去练字，但回去后却仍忙于他事而并没有练字。1892年回北京参加殿试，既未遵照格式（殿试专讲究格式，不重内容），又未讲究书法，只是随便一写，结果却被取为二甲进士。朝考后选任翰林院庶吉士，1894年散馆考试授职翰林院编修。看来竟是非常顺利，所以他自己以为是出于意外。

"怪八股"能够存在，也有一定的时代背景。以八股取士，本来自束缚知识分子思想，培养驯服人才的作用。行之既久，读书人也摸索到了"门径"。只读近年高中者的文章，模拟剽窃，就连经书也不去钻研了。"怪八股"不脱传统的格式，但它多用古字古句法，就非积学之士不能写作，所以反而为一些有学问的人所欣赏。祖父中举前拿这一类的文章去考书院，就深受龙山书院院长钱振常等的赏识，在他殿试后，当时任读卷大臣的翁同和评论他是"年少通经，文极古藻，隽材也"，也对这种不同常调的文章给予赞赏，他在会试、殿试中都曾因用词生僻，或者书法不合于"馆阁体"而有人提出质疑，又都是因为考官中有人欣赏他的文字加以维护才得以通过。

"怪八股"出现后，也有应试的士子模仿，一时颇为流行，而"清真雅正"的正统八股文家则把它看作"文妖"，看过祖父文章的人还往往以为他是个"跅弛不羁之士"，其实，这还只是他不拘守在当年知识分子传统轨道上的最初一点表现？有人说它是给"高头讲章"带来一点冲击，为真正读书的学子出一点气，可以比喻于文化运动中香烟罐精制炸弹的作用。

祖父进入翰林院来到北京之后，1894年散馆考试，又得留馆作编修，职务清闲而名望很高。他的文章也更受到人们的赞赏。北京是学者云集的地方，学问上的交流，自然有更好的条件。著名的诗人、学者、绍兴名士李慈铭请他到家里教他的儿子，这正是当时前辈学者培养新进人才的一种常用的方式。清朝科举特别重视翰林，而留馆任编修等职，迁升更有优势。所以说"有清一代宰辅多由此选，其余列卿尹、膺疆寄者，不可胜数。士子咸以预选为荣"。祖父那时才28岁，得到这样的位置，当然为人称羡。可是他本人却依然淡漠看待而保持学者的本色。在他北京的寓所里挂着一副对联："都无作官意，唯有读书声"，都表达了他"阒然不趋事权要"而专心致志于学问的志趣。

那时候，他读书的兴趣主要还是在经学、史学，尤其偏重在训诂、哲理以及史书儒林、文苑诸传和艺文志等关系文化风俗的记载，而不大喜欢研究战史、政治史。他当时已很重视小说，认为小说多关人心风俗，足补正史之隙，其佳者往往意内言外，寄托邃深，读诗达志，寻味无穷。他研究《红楼梦》也是从这时开始的。但当时帝国主义的侵凌、清朝政府的腐败都已日甚一日，使他也必定要去关心那些"经世之学"。早在他参加殿试时，策论题中有关于西藏的地理和沿革状况，可见他平时对边疆形势的关心。从他读《朔方备乘》等书的札记还可以看到，他对俄罗斯等邻国的现状和历史也十分留意。在北京七年，他曾几次南行，1893年（27岁）到广东去时，了解到廖平、康有为关于今古文经学、孔子托古改制等的学说。祖父也研究今文经学的公羊春秋。廖、康的学说，他并不赞同，但却很引起他的注意。

（选自《蔡元培青少年时代的读书生活》，原载于《绍兴文史资料选辑》第14辑，政协浙江省绍兴县文史委编）

为救国图强，求索新知

蔡朝晖

直接促使祖父摆脱传统旧观念，吸收西方新学说的是 1894 年的中日甲午战争。中国惨败的消息传来，朝野震惊，割地赔款、丧权辱国的和议激起祖父无比的愤怒。他觉得历史上韩魏对秦、宋朝对金，都还没有这么屈辱。而"疆臣跋扈，政府阘茸，外内狼狈，虚疑恫吓"，根子全在清政府的昏庸腐败，"以成炀灶之计，聚铁铸错，一至于此，可为痛哭流涕长太息者七"。战败之后，救国图强的呼声高涨，却想以仿效西方、变法维新的日本为模板，于是"朝士竞言西学"。祖父也在这时接触到翻译过来的西书。不久，就以最大的热情阅读了大量关于西方国家和"西学"的书籍。其中主要是以下几类。

1. 介绍西方和日本的现状和历史的书籍。如《海国图志》（魏源）、《环游地球新录》（李圭）、《俄游汇编》（缪佑孙）、《日本新政考》（顾厚琨）、《东瀛闻见录》以及《日本史略》（阿波冈本监甫）、《外国史略》、《列国海战记》等。

2. 自然科学基础教程，包括数、理、化、天文各方面。如《几何原本》《华若汀算学丛存》《电学源流》《电学纲目》《光学量克力器图说》《声学》《化学启蒙初阶》《星学辩证》以及《农家新书》等农业技术方面的书。

3. 国内关于学习西方的言论。如郑观应的《醒世危言》、宋育仁的《采风记》、马建忠的《适可斋记言》、陈炽的《庸书》、汤寿潜的《蛰仙危言》等以及梁启超的《西学书目表》和《读西学书法》。

4. 关于当时中外关系的书。如严复所译、传教士宓克所著的《教案论》。

5. 严复所译的《天演论》等西方哲学思想代表作以及严复、谭嗣同的有关论著。

此外，他还订阅梁启超的《时务报》以及他的友人主办的《农学报》和《经世报》，借阅澳门的《知新报》。对这些主张维新的报刊的论说都较为注意。

不久，通过中文翻译本书来了解西方，已不能满足他求知的欲望。他决心学习外国文。当时他认为西方文字比较难学，非三五年不能通，而书价很贵。日文则半年就可以有效果，而日本人翻译西书很多，学通日文就可以博览西书。1898 年（戊戌）年夏，他就同几位友人一起学习日文，先后延请中、日籍教师教授。因为学习的目的是阅读，所以学会假名读音后就不学日语而开始"硬读"日文书，练习翻译了多篇日文文章，不到一个月，在译《俄土战史》时已觉得有"文从字顺"的乐趣了。

正当他在研习西学、日文，日进一日的时候，百日维新发生。对于这场革新运动，祖父虽然很同情，但在维新派权势炙手可热时，他又"耻相依附"而不愿去凑热闹。到 8 月间变法失败，谭嗣同等"六君子"被杀，他却极为激愤。在 9 月就全家离京回绍兴去办学。别人说他是康党，他也不与分辩。从变法的失败，他看到清政府已无所希望。认为像康、梁那样靠少数人从上层弋取政权来搞改革是行不通的，只有走发展教育，培养革新人才的道路，所以把翰林院的位置弃若敝屣，而决心把一生奉献给改革教育的事业。

戊戌年弃官南下，是祖父同旧传统科举登仕道路的彻底决裂；在思想学术上，这两年，他已开始不再受儒家传统观念的束缚而开始接受进化论等新来的学说，虽然他几年以后从宣传民权、女权思想到"昌言革命"，比这时更要进步得多，但这一开端的作用毕竟是重要的，两年以后，他在给嵊县剡山、二戴两书院订的学约中，写了一段他学术思想演变的经历，讲到他从摆脱制艺的范围，经过致力于词章、训诂以至治公羊春秋，一直到丁酉、戊戌之间读了严复所译《天演论》和严氏的学说，"始知炼心之要，进化之义，乃证之于旧译诸理学、心灵学诸书，而反之于《春秋》《孟子》及黄黎洲氏、龚定盫诸家之言，而怡然理顺，焕然冰释，豁然拨云雾而睹青天。近之推之于日本哲学家言，揆之于时局之纠纷、人情之变幻，而推导其故，盖以深信笃好，寻味而无穷。未尝不痛恨于前二十年之迷惑而闻道之晚"。这是他对自己从 6 岁入塾到 30 岁这一段学习、治学生活的一个总结，也是想以他自己的切身感受来劝说那些还迷惑于举业的同辈或者年轻人，1901 年他在撰写的《学堂教科论》的前言中又把这一段青少年时期的经历概括为"少眈举业，长溺文辞，经诂史法，亦窥藩篱。生三十年，始知不足，迷途回车，奚翅炳烛。悲彼来者，覆辙相寻，誓墓不出，愿为松阴"。同样也对这前一段的学业甚表惋惜，而更着眼于为在当时兴起的办学堂潮流中廓清科举教育留下的弊端而希望不再重蹈它的覆辙。

回顾祖父青少年时期的这一段历程，他经过早年的刻苦勤学和严师教导，先在旧学上植下深厚的基础。几年的自由阅读和研究，使他在传统文化的各方面都得到更深的造诣，开始了独立的见解看待前贤的遗产，汲取有积极意义的成分。而萌生进步思想。并且随着形势发展的前进，为了挽救国家危亡，积极探求新知，在接受到外来的民权、进化等思想后而"豁然拨云雾而睹青天"。终于从爱国主义的立场，走上民主革命的道路。

（选自《蔡元培青少年时代的读书生活》，原载于《绍兴文史资料选辑》第 14 辑，政协浙江省绍兴县文史委编）

蔡元培的启蒙老师

余 力

按蔡元培受业先后顺序，第一业师当是蔡元培的叔父岷山（又叫铭三或茗山，即蔡铭恩），其后是宿儒周某、章云圃、王子庄及中光绪乙亥恩科举人候选教谕的诸暨人陈耐庵。

封建社会重视业师俗谓："一日为师终身为父。"如学生科举成名，那么在族谱、乡试提名簿上，连曾经问过学、释过疑的都要作为老师记录在案。而蔡元培中进士、点翰林，所以除了上述授业师外，还应考察到众多的问业师，如光绪午子科举人田春农（宝琪）、山阴县学廪膳生高子唐（衬春）、光绪己丑科举人王佐（寄庼）、光绪丙子科人举丙戌进士候选知县宗笏卿；受知师有前浙江学政祁子禾、乙酉同考官王介眉、龙山书院院长乌镇人钱簏仙（振常）、稽山书院会稽人王止轩（继香）、经精舍掌教俞曲园等。但在这些众多的老师中，对蔡元培影响深远、受益最大的莫过于蔡铭恩和王子庄。

蔡元培在其《口述传略·上》中，记载道："孑民有叔父，名铭恩，字茗珊，以廪膳生乡试中式（光绪甲午科中式第十二名举人），工制艺、门下颇盛，亦治古诗文辞，藏书亦不少。孑民十余岁，即翻阅《史记》《汉书》《困学记闻》《文史通义》《说文通测定音》诸书，皆得余叔父之指导焉。蔡元培在这段的记述中，心悦诚服地确认其六叔铭恩是他第一个启蒙老师。

（选自《蔡元培的启蒙老师其叔蔡铭恩》，原载于《绍兴文史资料选辑》第11辑，中国人民政治协商会议浙江省绍兴县委员会文史资料工作委员会编）

蔡铭恩其人

余 力

蔡铭恩（1855—？）名室炯、字叔惠，号铭三（茗珊、岷山），排行第六，生于清咸丰五年（1855 年）九月初三，家居浙江绍兴府山阴县城（今绍兴市区）笔飞坊笔飞弄。其父廷桢又名嘉瑛，字佳木，国子监生。曾在绍兴一家当铺任经理。其母吴氏，对子女管教甚严，是一位贤妻良母。长兄光普，谱名宝煜，字耀山（蔡元培之父），嘉瑛一家，有子七人：铭三的长兄和四兄继承父业，经营钱业，任钱庄经理；其二兄和五兄经营绸业，任绸庄经理，铭恩之弟当副手。铭恩一家兄弟六人经营商业，可谓商业世家，闻名绍兴。

铭恩从小聪颖达理，深受其父母宠爱。父母认为其他兄弟业已经商，唯铭恩求学上进，所以一心培养他读书，以冀他科举成名，登身仕途。铭恩果不负双亲之殷切期望，刻苦攻读，凡史经子集无不熟读。视章学诚的《文史通义》为治史之圭臬。又工制艺，所以在 34 岁时得中光绪甲午科（1894 年）举人。

铭恩中式乡试第 12 名，在他的各场考卷上，朱批均优（可参见蔡铭恩家谱）：第一场荐批为：采掇古训，援据子书，别开蹊径；次，针对下文立桩，下语极确，而意仍浑涵；三、开讲精卓，后亦宏括，诗韵秀；由于蔡铭恩工制艺，又批："议论宏敞，诗工切……考证详明，华工并茂。"（朱批第二聚奎堂原批）

铭恩学识渊博，为人诚恳、耿直，但在科举道路上并非一帆风顺；他秉性清高，敬佩明末清初的思想家刘宗周、章学诚，尤佩服刘宗周的为官清正廉明，不阿权贵，敢于弹劾祸国秧民的大宦官魏忠贤；清兵南下，明朝复亡，竟绝食而死，誓守民族气节。吾越许多先贤对铭恩的影响甚深。笔者曾走访过蔡铭恩笔飞弄故居，其寓与刘宗周讲学的蕺山书院相距甚近，铭恩常去书院。他对刘宗周之"慎独"功夫领悟至深。刘宗周之所以提倡"慎独"，是因他经历了万历、天启、崇祯三个朝代，这时明王朝政治腐败、内忧外患骈至，而朝臣结党营私，相互攻讦，文恬武嬉，到了全面崩溃的边缘，可谓"鱼烂河决，生命涂炭"之时。他为正人心而提出的。或许蔡铭恩这时也感到清王朝的趋于没落与明末相似，所以，他不愿再去攀登科举之顶峰，而宁愿安贫守志，开馆办塾。因他工于制艺，城乡弟子争入其塾，受业者为数颇多，名噪一时。铭恩好学，其家藏书甚丰，除供自己阅读外还供他的弟子借阅。后以塾师而终其一生。

（选自《蔡元培的启蒙老师其叔蔡铭恩》，原载于《绍兴文史资料选辑》第11辑，中国人民政治协商会议浙江省绍兴县委员会文史资料工作委员会编）

将蔡元培推上科举之路

余 力

蔡铭恩是蔡家祖祖辈辈唯一读书登科的人，他在蔡家中的威望当然很高，蔡元培从少年即受到其教育培养和熏陶。

其时，蔡氏一家，七兄弟分炊各立门户。蔡元培家原亦丰足，但到光绪三年（1877年）蔡耀山突然病死。因而家道中落，这使蔡元培的童年生活骤起波折。年仅11岁的蔡元培因丧父而备尝生活的艰苦。其父生前无甚积蓄，以致两个待字在家的姐姐因无钱治病，相继死去。自然蔡元培再也聘不起塾师在家攻读了，只好由其六叔铭恩担负起教育培养他的任务。铭恩为了使蔡元培成才，悉心指导蔡元培读了《史记》《汉书》《文史通义》……还给蔡元培起名取字"鹤卿"，指望蔡元培在仕途上鹤立鸡群、科举上金榜题名。蔡元培在叔父铭恩的教导下，学习进步甚快，他对叔父的敬爱之心也日重。

据蔡元培回忆：那时，他常服侍其叔，每晚一定要到叔父熟睡后才离去。有一次其叔给他讲解书文时，感到困倦入睡了，未及命他离去，竟屈肱其叔身旁，未离咫尺，直到他叔父醒来。铭恩为了使蔡元培做好八股文，除亲自教导外，还把元培介绍到当时绍兴八股名家王子庄（名懋修）那里。王子庄博览明、清八股文，八股制艺别具一格。当年蔡元培以怪八股闻名士林，推其根源或许肇源于其叔父与王子庄。尽管蔡元培跟王先生学八股文，味同嚼蜡，"但毕竟是一种学文的方法"（蔡元培语）。这才使他由科举登上仕途迈出了第一步。光绪九年（1883年）蔡元培17岁，考取秀才。考官在他的试卷上写下的评语是："笔轻而灵，意曲而达"，"论尤精当，与众不同。"蔡元培的文章得到多人赏识，铭恩也津津乐道，是他把蔡元培推上了攀登科举之路的第一个台阶。

考中秀才后，蔡元培不再治八股，决心专治小学与经学。铭恩又引导他攀登科举第二台阶——中举。当时，蔡元培家境贫寒，无钱置书，铭恩就借书给他。蔡元培在铭恩处，除了补读《仪礼》《周礼》《春秋公羊传》《谷梁传》《大戴礼记》等儒家经典外，还捡读了有关考据词章的书籍，时而也浏览医学、算家。后来蔡元培回忆当时的情况：他认为自己得益最多、受影响最深的几部书，多是通过他叔父铭恩指导的，如朱骏声的《说文通训定声》、章学诚的《文史通义》、俞正燮的《癸巳类稿》和《癸巳存稿》。前两书对于训诂、治史的独到见解，使蔡元培耳目一新；俞氏的著作，以语言典故、天文地理的详博考证和后人不能任意改变前人见解的严肃的治史态度，使他终身受益。

铭恩为了更好地帮助蔡元培攀登第二台阶——中举，也为了帮助蔡元培摆脱枯燥的塾师生活，把蔡元培荐介给他的同乡好友、藏书家徐树兰。徐树兰家的藏书楼名铸学斋。蔡元培就在铸学斋做校订工作，而铸学斋是近代史上全国闻名的书斋，藏书量多且书多善本。蔡元培能在这样的书斋中工作，确是一个成才的大好机缘。蔡元培到藏书楼后如鱼得水，一面为其校订所刻的图书，一面博览群书，历时四年，几乎翻遍了十余万卷藏书。读书思考，使元培学问大进。1889年，23岁的蔡元培考中了第13名举人。蔡元培如果没有他叔父铭恩推荐，不可能"博览群书，学乃大进"。

在蔡铭恩的关护下，26岁的蔡元培终于登上科举之顶峰——中进士。由于蔡元培殿试文采出众，又被点为翰林院庶吉士。过了两年才28岁，进而授职翰林院编修。蔡家门内挂起"翰林及第"的匾额。蔡家声名鹊起。蔡元培已是"声闻当代，朝野争相结纳"的名士了。蔡铭恩、王子庄对蔡元培的教育与培养，真正应验了"名师出高徒"这一人才学的规律。

（选自《蔡元培的启蒙老师其叔蔡铭恩》，原载于《绍兴文史资料选辑》第11辑，中国人民政治协商会议浙江省绍兴县委员会文史资料工作委员会编）

影响蔡元培的治学与思想

余 力

蔡元培被称誉为"学界泰斗"，集民主革命家、教育家、科学家于一身，在近代史上确属罕见。蔡元培学问高深广博，治学严谨，受人崇敬。蔡元培治学之路，无疑受到其叔铭恩的影响。关于蔡铭恩治学的资料留下来极少，但我们从现存铭恩的乡试考卷中可见一斑（蔡铭恩家谱中附有考试的朱卷），蔡铭恩主张"知之为知之，不知为不知，是知也"（乡试试卷）。其治学方法之一是"求实"，他认为求实是治学之要径。为了达到求实，他提出一个人做学问要实行"六非"即"且夫知为知，不知为不知，非自隐也，非自阻也，非证人以知也，非恕己以不知也，非不求尽而甘诿诸日后，也非不知遽知而姑安于目前也"。蔡铭恩这种求实的治学态度和思想，对青少年的蔡元培影响极大。

蔡元培承传其叔铭恩的这种治学思想，所以他对做学问，一贯坚持实事求是，治学非常严谨；他从不满足于现状，而以实事求是的态度"知之为知之，不知为不知"，时时感到自己的不足。为此，他回忆起青少年时："以一物不知为耻，种种书都读，并且算学书也读，医学书也读。"正如蔡元培的学生们所说的一样："蔡先生一生好学，一生教人"，终生都在实践他"学不厌、教不倦"的座右铭。

蔡铭恩治学方法之二是"不以不知冒知，乃以知愈形其不知"。即治学必须谦虚，不能不懂装懂，知识掌握得越多，就越要虚心。蔡元培亦深受其影响，他从不炫耀自己广博的学识，一生遵循这一原则。

或许也正是从这点出发，取人之长，补己之短，他在主持北京大学时，力倡"兼容并包，思想自由"的治校方针。

铭恩受刘宗周思想影响很深，特重刘宗周的"慎独"和气节。刘宗周是"蕺山学派"的创始人，是我国著名的理学家，有民本主义思想，主张统治者要减轻对人民的剥削。刘因反对魏忠贤，遭到削职归乡，后在崇祯时被重新起用，任京都府尹。任内改进吏治，政令一新，深受百姓爱戴。刘宗周、章学诚的民族气节、爱国主义、民本主义思想，不但影响了铭恩，而且也传递给了蔡元培，是形成蔡元培早期思想的主要源泉；蔡元培的"排满"反帝思想，正是由"民族"气节所来。

蔡铭恩异常重视道德修养，当然是儒家的道德观。这也熏陶了蔡元培。他认为人生以孝义第一，早年他剜股入药，为母治病。蔡元培毕生注重个人道德修养，所以对他的学生也特别重视道德教育。但毕竟蔡元培到过欧洲大陆，视野远大于他的启蒙老师六叔蔡铭恩，因此抛弃了中国旧理学的空洞说教，而注重身体力行，"言可以坊，行可以表"。这为蔡氏一生追求真理、光明磊落、兼容并包、宽大的襟怀打下了坚实的思想基础，真无愧为"学界泰斗""人世楷模"。

（选自《蔡元培的启蒙老师其叔蔡铭恩》，原载于《绍兴文史资料选辑》第11辑，中国人民政治协商会议浙江省绍兴县委员会文史资料工作委员会编）

第六章
学界泰斗，人世楷模

循"思想自由"原则，取兼容并包主义

顾颉刚

　　我考入北大的时候，听说教育部曾请严复来当校长，他怕事烦不干；继请章士钊当校长，他又因自己年轻，怕对付不了一班老教授，也不干；后来请了浙江的数学家何燏时来当校长，他干了不到一年，就被风潮赶跑了。此后一直由工科学长（相当于后来的工学院院长）胡仁源代理校长，沙滩的红楼就是由他计划建造起来的。1916年冬，北洋政府教育总长范源濂聘请蔡元培先生回国任北京大学校长。1917年初，蔡元培正式到任。他满心想把法、德两国的大学学风移到中国来。他办校最大的一个愿望就是学术自由、百家争鸣。

　　北京大学原名京师大学堂，辛亥革命后才改名。蔡元培先生来之前，校名改了，本质并无什么变化，封建主义仍然占统治地位。1913年我考入北大预科时，学校像个衙门，没有多少学术气氛。有的教师不学无术，一心只想当官；有的教师本身就是北洋政府的官僚，学问不大，架子却不小；有的教师死守本分，不容许有新思想；当然也有好的，如教音韵学、文学批评（《文心雕龙》）的黄侃先生，教法律史的程树德先生（他著有《九朝律考》），但不多见。学生们则多是官僚和大地主子弟，有的学生一年要花5000银圆。当然，这样的豪富子弟数量不多，大约不过两三人。至于一年花千把银圆的人就多了，少说也有好几十。像我这样一年从家里只能拿二三百银圆来上学的，就是穷学生了，在学校里简直没有地位。一些有钱的学生，带听差、打麻将、吃花酒、捧名角，对读书毫无兴趣。那时的北大有一种坏现象：一些有钱的教师和学生，吃过晚饭后就坐洋车奔八大胡同（和平门外韩家潭一带）。所以妓院中称"两院一堂"是最好的主顾（"两院"指参议院、众议院，"一堂"指京师大学堂）。这种坏现象是从清末保留下来的。那时在学生中还流行一种坏风气，就是"结十兄弟"。何谓"结十兄弟"？就是十个气味相投的学生结拜做兄弟，毕业后大家钻营做官，谁的官大，其他九人就到他手下当科长、当秘书，捞个一官半职，"有福同享"。这个官如果是向军阀或大官僚花钱买来的，那么钻营费由十人分摊。这样的学校哪能出人才？只能培养出一批贪官污吏！蔡元培先生来长校之前，北大搞得乌烟瘴气，哪里像个什么"最高学府"。我当时比较注意读书，暇时看看京戏，就算是好学生了。

1917 年初，蔡元培先生来北大，逐步使北大发生了巨大的、质的变化。他到校第一天，校工们排队在门口恭恭敬敬地向他行礼，他一反以前历任校长目中无人、不予理睬的惯例，摘下自己头上的礼帽，郑重其事地向校工们鞠了一个躬，这就使校工和学生们大为惊讶。他到校不久，就向全校发表演说，倡导教育救国论，号召学生们踏踏实实地研究学问，不要追求当官。蔡先生自己虽然在前清中过举人、进士，点过翰林，但他后来到欧洲德、法两国留学，接受了西方资产阶级自由、平等、博爱的思想。他一到任，就着手采用西方资本主义国家大学的教育方针和制度，来代替北京大学那一套封建主义的腐朽东西。他最注意的是文科，认为文科的任务是该用新思想代替旧思想的。他到校之后就断然聘请《新青年》主编陈独秀当文科学长（相当于文学院院长），以后还陆续聘请了一批有真才实学和有新思想、希望改变旧社会的人来任教。

我在 1917 年的日记中曾经记叙当时的蔡先生：

其一，"蔡孑民先生来长吾校，锐意图新，将以农、工、商三科与原有的专科学校合并，大学本干，独留文、理、法三科，文科在沙滩，理科在景

山东街，法科在北河沿，对于哲学门尤为注重。文科学长自夏仲彝去，改聘《新青年》杂志主编陈独秀。"（二月）

其二，"先生之为人，诚实恳挚，无丝毫虚伪。……其言讷讷也，如不能出诸口；然至讨论学理之时，则又滔滔不绝。"（八月）

蔡先生的办学方针是"思想自由，兼容并包"。他提倡学术民主，主张不论什么学派，只要持之有故、言之成理，就应允许其存在；不同主张的教员，无分新旧，应允许其自由讲学，让学生自由进行鉴别和选择。五四运动前夕，蔡元培和林琴南曾经发生过一次有名的公开辩论，轰动了全国。林写信给蔡，攻击蔡主办北京大学以来"覆孔孟，铲伦常"，"尽废古书，引用土语为文学"。蔡于1919年3月18日写了一封公开信答复林琴南，阐明了自己的办学方针：

> 对于学说，仿世界各大学通例，循"思想自由"原则，取兼容并包主义。……无论有何种学派，苟其言之成理，持之有故，尚不达自然淘汰之运命者，虽彼此相反，而悉听其自由发展。
>
> 对于教员，以学诣为主。……例如复辟主义，民国所排斥也，本校教员中，有拖长辫而持复辟论者，以其所授为英国文学，与政治无涉，则听之。筹安会之发起人，清议所指为罪人者也，本校教员中有其人，以其所授为古代文学，与政治无涉，则听之。嫖、赌、娶妾等事，本校进德会所戒也，教员中间有喜作侧艳之诗词，以纳妾、狎妓为韵事，以赌为消遣者，苟其功课不荒，并不诱学生而与之堕落，则姑听之。夫人才至为难得，若求全责备，则学校殆难成立。且公私之间，自有天然界限。譬如：公曾译有《茶花女》《迦茵小传》等小说，而亦曾在各学校讲授古文及伦理学。使有人诋公为以此等小说体裁讲文学，以狎妓、奸通、争有夫之妇讲伦理者，宁直一笑欤？

在蔡先生这种办学方针指引下，那时北大不但聘请左派和激进派人士李大钊、陈独秀当教授，请西装革履的章士钊、胡适当教授，还聘身穿马褂、拖着一条长辫的复辟派人物辜鸿铭来教英国文学，甚至连赞助袁世凯称帝的筹安会发起人之一的刘师培，也登上了北大教坛。蔡先生主校以后，许多学者名流来到北大，一时人才云集，面目一新。像鲁迅（周树人，教中国小说史）、钱玄同（教音韵学）、吴梅（教戏曲史）、刘半农（教新文学）等，都来到北大教书。李大钊、陈独秀和他们一起，高举科学与民主的旗帜，与封建主义思想文化展开斗争，为轰轰烈烈的五四运动开拓了前进的道路。

蔡元培为了贯彻自己的办学方针，还采取了一系列的有力措施。例如，在他的提倡下，学校成立了各种学会（最有名的有少年中国学会，由李大钊、邓中夏主持）、社团（如新潮社等）、研究会（如马克思主义研究会、新闻研究会、书法研究会、画法研究会等），还有"静坐会"等体育组织。蔡先生还亲自主持成立了一个进德会，师生都可入会，条件是：不嫖、不赌、不娶妾。学校还开音乐会，办体育运动会，允许成立学生自治会。总之，是要努力把学生的注意力引导到研究学问、研究大事上来，让学生有正当的文体活动，有健康的、高尚的爱好和情操。因为各类学术政治团体纷纷成立，校内经常举办讲演会、辩论会，思考和讨论之风盛行，师生都活跃了起来。无论在教师还是学生中，都有左、中、右，有共产主义者、三民主义者、国家主义者、无政府主义者，有立宪派，甚至有帝制派、复古派（如中文系里的国故派），真是五花八门，无奇不有。从那以后，学生们打麻将、吃花酒的越来越少，研究学问和关心国家前途命运的越来越多。在蔡先生的主持下，北大名副其实地成了国内首屈一指的高等学府了。

（选自《蔡元培先生与五四运动》，原载于《回忆五四运动》，全国政协文史和学习委员会编，中国文史出版社 2017 年版）

敞开胸怀，开气象新

顾颉刚

蔡先生当时声望很高，但不轻视青年人。记得我当时作为一名学生，曾经向蔡提出：北大中国哲学系应改为哲学系，以便包括世界各国的哲学。蔡先生不因噎废食，接受了我这个青年人的建议，后来就在北大成立了哲学系，讲授中国以及世界各国的哲学史和哲学流派。另一个例子：梁漱溟比我小半岁，投考北大未被录取，他在《东方杂志》发表了一篇讲佛教哲学的文章，蔡先生看了认为是"一家之言"，就破格请梁漱溟来北大任教，讲印度哲学。

蔡先生当校长期间做的最骇人听闻的事是开放女禁。那时有一个勇敢的女生王兰（王昆仑的姐姐）向蔡先生请求入学，蔡就让她到北大当了旁听生。这件触动了封建主义神经末梢的小事，当时轰动了全北大、全北京。此后招生时，就允许女生和男生一样地应考了。

那时，由陈独秀等主编的《新青年》办得非常吸引人，畅销全国，李大钊同志等在《新青年》上发表了许多文章，为五四运动做了思想准备。我们学生组织了新潮社，由新潮社办了一个杂志，名叫《新潮》，与《新青年》相呼应。《新潮》的影响也很大，一出版即在一星期内销完，以至于再版和三版。那年头，办杂志要赔钱，我们通过文科学长陈独秀向蔡元培先生请求帮助，蔡就决定由教育经费拨款支持办了这个刊物。我参加了《新潮》的发起和编辑工作。创刊时，主编是傅斯年。1919 年底，傅斯年出国留学，由罗家伦主编。第二年，罗出国，由我接编。我办了三期，因为北洋军阀政府不发学校经费，学校便不能再给补贴，经费不足；再加上印了不少《新潮丛书》一时卖不出去，积压了资金，才办不下去，停了刊。先后参加过《新潮》编辑工作的还有孙伏园、俞平伯、周作人、康白情、何思源等。《新潮》停刊后，当时主管行政财务的干事李小峰，把《新潮丛书》摆在家门口的地摊上卖，大概卖了不少钱。后来他开了一家书店，取北京大学和《新潮》杂志的前一个字，叫"北新书店"。

北京大学的变化影响到了北京其他一些高等院校。如北高师、女师、法政专门、俄文专修、高工、高农等，也仿效北大的样子，成立了一些社团组织，有时还和北大合搞一些活动。

（选自《蔡元培先生与五四运动》，原载于《回忆五四运动》，全国政协文史和学习委员会编，中国文史出版社 2017 年版）

劳工神圣

顾颉刚

1919年5月4日，北京各校5000名学生游行示威，有30多名学生被捕，关在北河沿，其中北京大学就有一半多。蔡元培先生本人虽然在"五四"当天没有参加游行，但他的同情是在学生一边的。他曾经以北大校长的名义营救被捕者，以身家作保，要求北洋政府释放被捕的学生。五四运动得到广大的工人、商人、学生的拥护，他们举行罢工、罢市、罢课以示支持。北洋军阀的头头们害怕弄得不可收拾，没过几天就把抓去的学生释放了。

蔡元培先生在当时的情况下能有这样开明的态度，是有一定的思想基础的。1918年11月，他曾经发表过一篇题为《劳工神圣》的讲演（载《新青年》第5卷第5号），这篇讲演颇能代表他的思想，特抄录于下：

> 诸君！此次世界大战争，协约国竟得最后胜利，可以消灭种种黑暗的主义，发表种种光明的主义。可见此次战争的价值了。但是我们四万万同胞，直接加入的，除了在法国的十五万华工，还有什么人？
>
> 这不算怪事。此后的世界，全是劳工的世界呵！
>
> 我说的劳工，不但是金工、木工等等。凡用自己的劳力，作成有益他人的事业，不管他用的是体力，是脑力，都是劳工。所以农是种植

的工；商是转运的工；学校教员、著述家、发明家是教育的工。我们都是劳工。我们要自己认识劳工的价值！劳工神圣！我们不要羡慕那凭借遗产的纨绔儿！不要羡慕那卖国营私的官吏！不要羡慕那克扣军饷的军官！不要羡慕那操纵票价的商人！不要羡慕那领干修的顾问咨议！不要羡慕那出售选举票的议员！他们虽然奢侈点，但是良心上不及我们的平安多了。我们要认清我们的价值！劳工神圣！

固然蔡先生有勇气，同学们也有勇气，可是北洋军阀的势力也很大。5月4日学生游行示威之后，段祺瑞的得力助手、陆军次长徐树铮就命令他的部队把大炮架在景山上，炮口对准北大示威。在这样严酷的压迫下，蔡先生只好剃掉了留长的胡子，混上了火车，又到了欧洲，校务由他的秘书长蒋梦麟维持了下去。

（选自《蔡元培先生与五四运动》，原载于《回忆五四运动》，全国政协文史和学习委员会编，中国文史出版社2017年版）

再造北大

王道元

自推翻帝制，为时不过六年，袁逆称制不成，忧愤自毙了，张逆复辟不成，而仓皇逃遁。一波甫平，一波又起。虽然如此，历史的车轮总是前进的，任何势力，谁想阻止它前进，或者扭转它后退，都是徒劳的，且不论迟早必然遭到消灭，这是历验不爽的真理。以往种种，正像故事电影片一幕一幕演过去了，但试问革命革除了些什么？社会黑暗如故，或且过之。民穷财尽，兵革相寻，内政不修，外交召侮，国与民划作两截，号称民主，其实无主，无主乃乱，势所必至。

作为一个教育家，且置身最高学府，应如何决定施教方针，如何唤起民众？蔡元培意识到了这些问题，说教育和报刊是武器，学校即是营垒，腐恶的社会旧染就是对象。不容否认，在蔡元培充任北大校长一段时期中，他领先了这一任务。元培到校伊始，分科及预科学生将及六百人，教职员二百人上下，校舍亦仅局限于马神庙旧址。他力图发展，增加学额，于汉花园东首旧体育场，建筑楼房，推广教室和宿舍，实现一切设计。

尤关重要的，即延聘有名的各科教授、学长及主任。文科学长陈独秀，理科学长夏元瑮，工科学长温宗禹，法科学长王建祖，图书馆主任兼教授李大钊，庶务主任李辛白。他们延揽人才，无门户偏见，不限国籍，不论新旧，以达到教育目标为准则。元培能够兼容并包，例如文本科教授兼英文研究所教员辜汤生（鸿铭），还拖着一条发辫，然李大钊、陶孟和、陈大齐、章士钊、马叙伦、钱玄同、顾孟余、胡适、俞同奎、马寅初、何育杰、秦汾、沈兼士、沈尹默、卫尔逊（美国）、梅尔慈（德国）、伦特（丹麦）亦皆一律共事，此不过举例而已。当时北大共分文、理、工、法、商、农、医七科，民国8年（1919年）天津北洋法政大学合并于北大，乃又增添了政经一科，共为八个分科，仍附预科。

在正课以外的各项活动，即有校长、教授、学生所发起的种种会社，列举如下：（1）北京大学进德会，蔡校长发起；（2）哲学会，冯友兰、陈钟凡等；（3）理学科化学讲演会，李永、张国尧等；（4）雄辩会，以修缮词令发展思想为宗旨；（5）书法研究会，罗常培、杨湜生等；（6）音乐会，夏宗淮、廖书仓等；（7）画法研究会，其导师为陈师曾、贺履之、汤定之、徐悲鸿等；（8）体育会，夏宗淮、俞九恒等；（9）静坐会，为教育部参事蒋竹庄所指导；（10）技击会，教师为佟瑞辅、刘凤山，会长徐械等；（11）阅书报社，干事为毛以亨、吴澄等；（12）学生储蓄银行，以校长为监督，监理员王建祖、胡钧、徐宝璜等；（13）消费公社，董事七人，李宏增、廖书会、杨琦等；（14）成美学会，此为胡适教授所发起，其宗旨在捐集基金，以津贴可以成才而无力求学的学生。所有以上这些会社，分门别类，都是由校长、学长、教授们分别参加领导，各拟具详章，选出负责职员，以共同迈进。

试看一看北大的刊物吧。第一是《新青年》，第二是《新潮》，第三是《每周评论》。鲁迅原是教育部社会教育司科长，并未兼北大教授，但他所作的《狂人日记》首先投入了这个战线。他重新对孔家店的货色估了价，对腐朽的旧社会现象给予了无情的揭露、批判和进攻。李大钊（守常）则大声疾呼地著论，号召青年们努力前进，启发他们的爱国之心。一切用白话写论著、美国式的学者胡适，他不反对用白话写作，但号召学生应埋头读书，"多研究些问题，少谈什么主义"。这便触怒了林纾，他给蔡校长写信攻击白话文，有言如白话可视为文，则引车卖浆之流，都可能成为文学家。曾记蔡校长的复信里有云，先生以翻译西方小说自豪，例如《茶花女》原本是语体，而先生以古典式的文言译出，推行于世，试问你能够自诩译文比原著还好吗？但从此也不再饶舌，老林就默尔而息了。

回忆北京大学，创始于光绪二十四年（1898 年），中经庚子事变，被劫一空。为期不到三年，就遭到中辍。光绪二十八年（1902 年），复重新建立，以迄民国 6 年（1917 年），中间经历了政变兵变，幸而还没有遭到摧残。是年蔡元培就任北大校长，就在本年年终还开了一次北大 20 周年纪念会。在纪念会上，蔡校长及前教育部总长范源濂，学长王建祖，教授胡钧、章士钊、陶孟和、李石曾各抒己见，寄希望于大学者备至，各有演词。陈汉章且写成了《中国历代大学学制述》，达万余言。以上文件皆汇刊于纪念册，至今且成为重要文献。

自蔡元培莅校任事以后，他为北大带来了新生命，为青年学生注入了新血液。也可以说是对北大的再造，或者中兴，殆不为过。

（选自《蔡元培与北京大学》，原载于《文史资料存稿选编》第 24 辑，中国人民政治协商会议全国委员会文史资料委员会编，中国文史出版社 2002 年版）

蔡元培与五四运动

王道元

民国8年（1919年），起因于巴黎和会我国外交的惨败，刺激青年学生的爱国心，爆发了五四爱国运动，这一运动的中心是北大。曾记得有一次大规模的运动游行示威、沿街讲演，将总统府（总统是徐世昌）大部分被包围，群众从之者如归市。警察总监吴炳湘借口奉命维持治安，调集全副武装警察，用反包围，把大部分学生拘禁在南河沿旧译学馆内。但学生们并不屈服，就在被拘禁的情况下，照旧开会，推举代表组，向高级警官交涉："我们当治什么罪，静候处分，我们决不分散或逃亡，尽管放心。但是我们必须吃饭，即使对囚徒，也不允许用饥饿来挫折。"他们的说法："这个在上头自有安排，不要着急。"结果每到吃饭时必有吃的，一直相持了两昼夜。

吴炳湘沉不住气了，正要自找下场。适蔡校长通知各大校及学务局，派代表到宣武门外大街江西会馆，商讨对策。这一消息为吴炳湘所侦知。我代表学务局，各校长亦均到齐，正在坐定，吴总监电话来了。他请求局校当局说话，蔡校长当推我去搭话，接过耳机，他冲口而出："你们那学生还要不要哇？"我说："学生我们并没扔，是你要把他们圈禁起来了。""那么我要求各校当局即分派代表，到现地把学生领回去吧。"我说："学生们不是我们送去的，何用领为？总监只要下令解严，撤去武装守卫，他们自然会各回本校，何用领为？"他愤愤地回答一声："好吧，再见。"结果他要释放学生，而学生不散，且要求把内外武装兵警及帐篷全部照个相，留作一场纪念。经再三交涉，警官们且说了些软话，学生们才表示让步，而各自回校。

此后运动还在持续着，且更为积极，更有步骤，并选择了新的目标，面向民众。他们请求校长，准许办平民夜学。校内工友为一级，校外贫民二、三级，分识字与不识字，不限年龄，随时报名注册。并组织讲演团，以三人为一组，经常到街头去进行。其讲演内容，不外开通民智和抵制日货等。在政府方面，认为这还是运动的继续，而抵制日货，更有碍邦交，更加感到不安。在国务会议上不免有攻讦教育部总长傅增湘，不能控制学校，校长不能管束学生，渐渐集矢于蔡元培。社会上顽固家庭及落伍军人，他们非难国立和公立各级学校，学生们不好好念书，只会捣乱，限制子弟不准投考公立学校，宁可考人教会和外国人所办的私立学校，如汇文、育英等校，就是他们所选择的对象。学务局时常接到一些匿名信，指责这一点。

虽然如此，而公立学校发展，逐年增加。即以四中论，每年毕业两班，招考新生为数不过百人，而报考人数常达六七百人。至如北大，蔡校长任职伊始，分科、预科学生为数将及六百人，教职员工，不过二百人左右，在五年后，则学生增至三千余人，教职员工增至三百人以上。这都是有案可稽的。其声势与发展速度，与日俱增，国内公私立各大学，无有出乎其右的，已成公论。

总括一切成绩，固非蔡某一手一足之烈，然既拥有第一流的教授，启发了青年学生奋发图强，学习了科学知识，更设置各种会社，以培养干事接物的能力。即如五四运动，大大发扬了爱国心，对黑沉沉的旧染污俗，更敲起了警钟，而影响普及于全国，这又不能不首推敢于立在阵头的李大钊和别动队急先锋的鲁迅。

前面曾指出，在蔡校长领导之下的北大，可视为大学的再造，或者中兴，殆非过誉，实至名归，理固不爽，然古语有云"道高毁来，德修谤兴"，亦事所难免。那时徐世昌任大总统，他看到了政府官僚们对蔡校长时常加以非难，反假惺惺地不断周旋，且约请蔡到总统府会面，共筹国是，并曲表慰劳之意。阳为联络，阴实嫉之、去之唯恐不速，但不敢明目张胆公然免职而已。他们也了解到蔡元培是知机勇退的人，用不着过事排挤，自然而然地就可能达到目的。殊不知薪尽火传，燎原的火苗早已播种下了。蔡校长果然不动声色，毫不犹豫而飘然下野，落一个洁身而去。当时伴送同行的，即北大庶务段宗林。蔡在赴上海途中，寄北京政府辞职书，并致函蒋梦麟，暂行维持校务。消息大白，一时各大学学生奋起挽留蔡校长的运动，迫使徐世昌用明令恳切挽留。教育部傅增湘亦自动辞职而去。

自 1917 年至 1921 年蔡校长在职共五年，从此告一结束。

（选自《蔡元培与北京大学》，原载于《文史资料存稿选编》第 24 辑，中国人民政治协商会议全国委员会文史资料委员会编，中国文史出版社 2002 年版）

蔡元培与南洋公学

蔡朝晖

1901 年，祖父带着实现教育兴国的强烈愿望只身来到上海，被聘任为南洋公学的教员。南洋公学是在 1897 年由洋务运动代表人物盛宣怀创办，最初的宗旨是使卒业于公学的学员既能通达中国经史大义，并有西国政治的基础。公学在各学科的课程设置上都体现出"中学为体、西学为辅"的原则。

是年，祖父受聘担任特班（培养高级人才）的班主任，他的挚友、维新人士张元济担任总理，美国人福开森任监院，而教员队伍中除个别专职外，其余均是兼职。祖父在旧学上原有很深造诣，甲午以后又锐意吸收新知，在改革教育中积累了丰富经验，这就决定了他能不负众望地把特班班主任的工作做得非常出色。

特班以"专志政学不必兼涉艺学"作为培训学员的基本准则，将三年课程分前后两期施教，限三年毕业。前期的课程主要是英文、数学、理化，后期设高级理化、史地、政治学、理财学，大都用英语讲授。又规定"西课余暇当博览中西政事诸书，以为学优则仕之地也"。博览政事书的课程与"西课"在授课时间上大体持平，当时延聘了两位教习，祖父便是执管指导的教习。两期的侧重点均在西学方面，这主要是因盛宣怀办学的目的在于培养洋务人才之故。祖父和张元济都是紧随着时代车轮前行的，他们与盛宣怀虽都主张学习西方，办学思想迥然有别，在教学中始终以爱国主义思想为主导。

祖父在特班的教授方法基本上参照书院式教学法，以自学为主，辅之以教师开启式的教学方法，使学员的疑窦如期得到解答。特班本着公开招考的原则对外招收学员，经过首批筛选录取了42人，他们中有后来成名的黄炎培、李叔同、殷祖同、邵力子等。祖父上指导课，让学生自由读书写札记，每月又出题让学生写文章，不论札记还是文章都为他们批改评阅。开学之初，先约同学谈话，发给他们一张分门别类的项目单，列出二十多个项目，如哲学、教育、法律等方面的参考书目，阅读的书籍分记叙性的和论著性的：记叙性的书要求札记要稽事情的前因后果，从教材的类比中，找出共同的机理，并对旁征博引的附佐书刊作解释说明；对论述性的书则要求做到简洁精要释疑义，可谓是引导学生循着阅读和写札记方式走自己研究的路径。在黄炎培的自撰文章中有如下的回忆：蔡师针对学员队伍中水平参差不齐的情况进行施教，如通习英语的人为数很少，即认为改学比较容易攻克的日语较合适，他自己编教材，教学生学会阅读日文书。

特班以功课抓得严著称，学员稍有怠慢或是违反校纪即会被勒令辞退。祖父除了不例外地履行这一准则外，更多的是用启发诱导式的教育方式。在教育过程中注重灌输爱国主义思想。他认为外文书本能帮助我们有效地掌握外部世界的情况，他本人不仅是一个精通古典文学的宿儒，还在而立之年已中翰林之后，开始了外语的学习，这对于正在求学的青年是极大的鼓舞。有一次，祖父曾以《春秋战国时候的爱国者》为题，让学生作文，目的是让国耻在学生心中有个不灭的地位，可见他爱国用心的良苦。

在黄炎培的回忆文章里，还能清晰地看到祖父责己非常严格，教学认真严谨。他每日令学生交来笔记，不仅亲手批改，而且每天晚上还轮流召唤学生到他的房间里就学生提出的疑难问题答询，有时候就当天的时事展开活跃的讨论。这种在紧张中充溢着活跃气氛的教学方式使学生得益匪浅，祖父曾出作文题："程正叔论寡女再醮之非，谓饿死事小，失节事大，然再醮失节乎？以公理断之。"他的男女平权的民主思想，也随之进入学员的潜意识。

有一次祖父召集特班的全体同学谈话，大意梗概是：中华民族正在极度的危难之中，国民性的麻木使百姓不能意识到苦难的由来，我们兴办学校正是为了唤醒在苦难中挣扎的民众，如用讲演方式取代文字书写方式，对开启识字不多的民众的潜智，用生动形象的譬喻使民众悟出深刻的道理是有很大裨益的。他授课时从无疾言厉色，同学们却乐于接受他的思想。为了尽快地提高同学的讲演水平，他从有限的原版书中抽取现成资料，翻译成中文讲演资料，他还组织讲演会，定期组织学生讲演。在祖父的倡导下，学习演讲之风在南洋公学广泛地持续下去。他们中有些人不会说普通话，就推请生长在北方的同学李叔同教普通话（李后来组织春柳社，首创话剧，皈依佛门后称弘一法师）。

祖父还有一段奋发勤学的佳话。当年，马相伯先生在徐家汇天主教堂所设的徐汇公学任教，祖父知道他精通拉丁文，执意要去求学，这对一个年已四十并且有如此繁忙工作的学者实属不易。若干年后，马相伯自撰文章，曾提到如下事实："当时蔡孑民在南洋公学（即现在的交通大学）任教职，要随我学拉丁文。我告诉他，拉丁文在西洋也成为古董，大学而外，各学校都不太注重，中国学者更没有学习的必要。无奈孑民先生执意要学，说拉丁文为欧洲各国语文之根本，各国语言多起源于拉丁文，说学西洋一切古代文化，若不通习拉丁语文，就无从了解。"那时祖父只有大清早才有供自己支配的时间，因此，他每天早上5点即步行十多里去叩马先生家里的门，这时的马相伯老人还沉浸在梦乡之中。由此可见祖父求学若渴的精神。

在南洋公学，一次发生了所谓的蓝墨水瓶事件：中院某班郭姓教员因胡乱猜疑学生把墨水瓶放在他桌上是意有所指，而引起争端，校方要开除学生，这在学生中引起了轩然风波。素具威望的祖父站在维护学生利益的一边。那时的汪姓总办置许多教员的谏言而不顾，坚持开除大批学生，学生不得已而全体退学。祖父目送学生离去，学生与老师挥泪道别，流露出无比眷恋的感情。以如此不公正手段迫使为数众多的学生退学，这在教育史上尚属罕见。当时一些人说，学生是受祖父平日提倡民权的影响。祖父愤而辞职，离开了南洋公学。祖父后来招集特班生谈话："汪总办不让我们完成学业，我们应该自动地组织起来，扩大容量，添招有志求学的学生来更好地进修，同学中对某一门能胜任教师的则当教师，愿回乡办教育的也好。"于是 1902 年 11 月 16 日在泥城桥福源里设立爱国学社，由祖父任总理，吴敬恒任学监，章炳麟、蒋维乔等任教员。有些南洋公学的学员便成为爱国学社里的活跃分子。

在南洋公学特班卒业的学员中，涌现出了像黄炎培、邵力子、李叔同、贝寿同、殷祖同等著名人物，贝、殷二位是爱国学社学生的中坚。殷不幸早逝，贝后来成为著名建筑专家，谢无量以文史著名，胡仁源曾任北京大学代理校长。他们的成就有在学问上的，有在政治上的，有在教育上的，还有在佛学上的。后来他们经常在书报杂志上写一些缅怀祖父的文章，除了颂扬他的人格之外，也披露一些他在南洋公学执教的情况，盛赞祖父对他们爱国、民权思想的启发，介绍祖父的教学风范和治学业绩。

（选自《蔡元培与南洋公学》，原载于《静安文史》第 7 辑，中国人民政治协商会议上海市静安区委员会文史资料委员会编）

蔡元培与襁褓中的青岛大学

马庚存

1924 年，私立青岛大学成立，校址在原德国占领时期的俾斯麦兵营，当时是北洋军队的营房，军队移防之后做了校舍。校舍正门的街道叫作大学路。这是中国人在青岛设立的第一所大学，该校因经费紧张于 1928 年 5 月停办。

1929 年，蔡元培的学生何思源在山东做教育工作，曲阜师范学校师生公演讽刺孔子的话剧《子见南子》，引起轩然大波，何也因此受到南京国民党政府和山东封建势力的压迫，处境极为困难。于是何便以商量在青岛设立大学为名，邀请蔡元培、马寅初等人到青岛研究应对。

6 月 3 日，学界泰斗蔡元培携眷来到青岛小憩，住在已经停办的私立青岛大学女生宿舍小楼中。蔡元培对何思源说："反动势力很难消灭，处处都能遇到，你应该下决心坚持抵抗，决不让步！"在他的鼓励帮助下，终于渡过了这一难关。这时，青岛正是槐花飘香的时候，但当时军阀割据、战乱频仍，济南为华北通衢，兵家必争，形势堪忧。青岛远离战乱，加之自然条件优越，蔡元培认定这里是教学育人的好地方，力主将国立山东大学迁至青岛，认真筹办。蔡元培进而为青岛大学的改建操劳，亲自参加筹备和决策工作。

南京国民政府教育部长蒋梦麟接受了蔡元培的建议，决定将拟议中的国立山东大学筹备委员会改为国立青岛大学筹备委员会，并接受私立青岛大学的校舍、校产，建设新的青岛大学即国立青岛大学。6月13日，教育部另行函聘蔡元培、何思源、王近信、赵太侔、彭百川、杨振声、傅斯年、袁家普、杜光埙等为国立青岛大学筹委会委员。

7月8日，蒋梦麟专程由南京来到青岛，参加国立青岛大学筹备委员会第二次会议，蔡元培、何思源、赵太侔、杨振声、傅斯年、王近信、彭百川、袁家普、杜光埙九位筹备委员出席了会议，研究有关建校的若干重要问题。开会地点在汇泉饭店（今汇泉酒家）。会议对经费问题进行认真研究，确定由中央政府和山东方面共同承担，中央政府和山东省政府各出24万，青岛市政府和胶济铁路各出6万，共计60万元。会上还确定了科系设置、院系人选、招生工作等一系列建校事项，还商定设工厂和农业实验场于济南。

8月3日，蔡元培致函南京政府，认为教育部决定取消山东大学和私立青岛大学，现在设一青岛大学，实则并二为一。"青岛之地势及气候，将来必为文化中心点，此大学之关系甚大"，信函由山东省教育厅长何思源面交监察院长吴敬恒，托请转财政部长宋子文，希望官方给予重视，批拨青岛大学经费。蔡元培强调，新的青岛大学一定要立足山东，立足青岛，办出自己的特点。依靠他的威望，青岛大学的创建"是无往而不利的"。蔡元培以他办北京大学的经验体会提出了许多具体意见，得到众人的尊重，特别是任命杨振声为首任国立青岛大学校长的意见，最后成为现实。

经蔡元培举荐，1930年4月26日南京国民政府国务会议决议任命杨振声为青岛大学校长，杨于6月25日到青岛，9月21日宣誓就职，大学同时成立，同日筹委会结束。学校确定以原德国兵营作为校舍，蔡元培为国立青岛大学题写了校名，制成木牌挂在校门口。后来蔡元培还为青岛市立中学题写了校名。

蔡元培一家住在学校北部的一座小楼内，后来改为女教工、女学生宿舍，著名女学者方令孺在此住过。青岛大学开学以后，因员工较多，蔡元培便搬出校园，在平原路14号买了一处住宅。蔡元培对青岛情有独钟，他多数时间住上海，每年来青岛住些时候。他爱好大海，喜好崂山，在青岛的生活使他得到很大的满足。

杨振声曾是蔡元培的学生，现在成为蔡元培教育思想的追随者，新校长继续成为老校长的学生。到青岛大学，杨振声带来的最重要的精神财富便是蔡元培先生主持北京大学时提倡的"兼容并包""民主办学"的教学作风。他重视人才，求贤若渴，热情欢迎来自不同门第、不同流派的人才，他尊重的是人的真才实学，懂得靠人才办学的道理，并会依靠人才办学。

杨振声到校后，首先抓紧师资队伍的建设，广泛网罗人才，下气力组建得力的教学人才队伍。他热诚待人，以人格魅力吸引人才，使招贤工作比较顺利。比如杨振声南下物色教授的人选，在上海遇到闻一多、梁实秋，诚心聘请二人加盟，并分别主持中文系、外文系教务。闻、梁二人没到过这个海滨城市，便相携来到青岛，想探个究竟，再作打算。到青岛后，他们感到青岛的气候好，宜于生活。更难得的是，这里人情醇厚，校长对人亲切真诚，学校有发展前途，于是决定在青岛大学任教。

闻一多是著名诗人，他的《红烛》《死水》等早在20世纪20年代就在诗坛引起很大影响，曾在武汉大学任教，是难得的学界诗坛两栖人物。梁实秋也是著名诗人，同时对诗学很有研究，是国内屈指可数的莎士比亚研究专家，对图书馆管理也很有见地。这两个教授到校后，使国文、外文系两系的教学走上正轨。闻一多走上讲台，主讲"文学史""唐诗"等课程，并在外文系讲授英文诗歌。梁实秋除了本系的授课外，还兼任学校图书馆馆长，在搜集莎氏著作方面，在学术界闻名一时。名教授带来了显效应，杨振声的引智工作获得显著成绩。

到青岛大学这所新成立学校任教的名流还有：教育家黄敬思博士，担任了教育系主任；生物学家曾省之博士担任了生物系主任；数学家黄际迁博士担任理学院院长兼数学系主任；化学家汤腾汉博士担任化学系主任；物理学家王恒守博士任物理系主任；戏剧学家赵太侔担任教务长。此外，还有诗人陈梦家、文学家沈从文、古典文学家游国恩、物理学家任之恭、化学家傅鹰等，都是年富力强的一时之彦或后起之秀。杨振声倾力邀请名家来青岛大学任教，一时间，青岛大学人才云集，灿若群星，使一些名牌老校对这所新校不敢小觑。

学校还利用青岛气候环境优越的条件，热情邀请到青岛开会、度假的学者来学校做学术报告。蔡元培就到青岛大学讲授过美学，受到师生的欢迎。

杨振声明确办学宗旨："本大学设立于青岛，定名为国立青岛大学……以提高民族文化、研究高深学问、养成健全品格及专门人才为宗旨。"国立青岛大学设文学院和理学院，文学院下分中文、外文、教育学三系，理学院也分设数系。9月21日，在首届新生的开学典礼上，杨振声做题为《打基础，重质量，务实际，艰苦创业》的讲话，为学校定下了务实苦干的创业精神。青岛大学规模不大，初建时只有100多人，学科设置也很有限，但经过大家努力，学校在短短几年就取得显著进步，如1935年中央研究院成立首届评议会，这是最高学术评议机关，由国内学术界推选产生。由青岛大学改建的山东大学校长作为选举会成员之一，与北京大学、中央大学等知名老牌大学的十几名大学校长参与选举评议员，可见这所成立仅几年的新型大学受到学界同行高度重视，这是很不容易的。

1930年秋，中国科学社在青岛召开第十五届学术年会，蔡元培、李石曾、杨杏佛、竺可桢、翁文灏、蒋梦麟以及蒋炳然、宋春舫等一批著名学者聚集青岛。蔡元培认为青岛市环境好，是国内少有的滨海城市，不像上海、天津、广州等要经过一段江河才抵海，他奔走呼吁建立一座研究海洋、进行海洋知识宣传、推动海洋科学发展的机构。在他的倡议下，中国科学会募集资金在莱阳路进行建设，推举胡若愚（当时任青岛市长）、蒋炳然、宋春舫为筹委会常务委员，胡若愚为主任，馆址选定在汇泉湾畔的海滨公园内，由青岛观象台负责设计并组织施工，建成后由该台负责管理。

这一举措得到社会各界的关心和支持，教育部、实业部、东北海军司令部、中央研究院、青岛大学等部门和团体纷纷捐款，宋春舫、蒋炳然、朱润生等人也竞相解囊，共募集资金 29800 元。青岛市政府在海滨公园划出 15 亩地作为馆址，分两期建设，参考欧美各国的水族馆，宋春舫负责设计施工，第一期先建水族馆，于 1931 年 1 月开工，1932 年 2 月建成，5 月 8 日举行开馆典礼。当时这是中国人自己建造的第一座饲养海产动物、向人们宣传普及海洋知识进行海产试验的场所，是亚洲唯一的一座水族馆。馆内有活动海水玻璃展池 18 个，标本室 4 个，露天鱼池 2 座，并附设研究室、解剖室、陈列室等。

1932 年 5 月 8 日，水族馆开馆时蔡元培再次来到青岛，在开馆仪式上致词："此馆当为吾国第一矣，比年国家多故，百事尽废，独此馆得二二君子之力……"此馆长期是中国最大的水族馆，深受青岛市市民和外地游人的欢迎，开馆第一年就接待参观者 74000 多人。其建筑形式是中国民族风格、古代城堡式建筑，浑厚的城墙，飞檐斗拱，红柱绿瓦，在众多欧美建筑的衬托下，引人注目，成为著名的景点。

蔡元培继续促成该机构第二期的建设，1937 年主楼建成。因日本侵华，抗战爆发，主要建筑落成后没有进一步设计建设。

蔡元培对建设水族馆花费了无数心思，还专门写了名为《水族馆》的诗：

> 水族馆中窗窈窕，海滨园外岛参差。
>
> 惊涛怪石互吞吐，正是渔舟稳渡时。

抗战期间，蔡元培在香港。1940 年 3 月 5 日，蔡元培病逝于香港，他为中华民族的进步和发展奋斗了 40 余年，为发展中国教育文化事业做出了卓越的贡献。毛泽东高度评价蔡元培为"学界泰斗，世人楷模"，他是中国近代最重要的资产阶级教育家和中国教育改革的先驱。

蔡元培对青岛大学的成立和青岛市文化教育事业的发展，做出了重要贡献，青岛人民铭记这位文化大师的功劳，1994 年青岛市文物局和《青岛晚报》联合为在青岛生活过的文化名人故居设立铭牌时，蔡元培名列其中，但因当时未查清具体地址而作憾。近年青岛市人民政府为名人故居和历史优秀建筑设标志铭牌，已为这位文化大师的青岛故居设牌，以此作为对蔡元培先生的最好的纪念。

（选自《蔡元培与青岛》，原载于《青岛文史资料》第15辑，青岛市政协文史资料委员会编）

蔡先生的兼容并包

郑天挺

　　蔡先生 1917 年到北大做校长，提出"兼容并包"。大家常举辜汤生（辜鸿铭，文科英文门教授，复辟派）、刘师培（刘申叔，文科国文门教授，帝制派）为例，这当然是事实，但容易被人们误解，似乎兼容并包只是包容反动落后的人物。其实，这只是蔡先生兼容并包的一个小角，而且是极小的小角。

　　过去中国学术上流派很多。经学有今、古文学派的不同，蔡先生同时聘请了今文学派的崔适（他的《论语足征记》《史记探原〈源〉》均在北大出版），也聘请了古文学派的刘师培。在文字训诂方面，既有章炳麟的弟子朱希祖、黄侃、马裕藻，还有其他学派的陈黻宸、陈汉章、马叙伦。在旧诗方面，同时有主唐诗的沈尹默，尚宋诗的黄节，还有宗汉魏的黄侃。在政法方面，同时有英美法系的王宠惠，也有大陆法系的张耀曾。其他学科，同样都是不同学派兼容并包。这是蔡先生在北大兼容并包较多的一面。

　　更重要的是，蔡先生一到北大，就请全国侧目的提倡新文化运动的陈独秀做文科学长；这时爱因斯坦的相对论学说兴起，蔡先生就请中国第一个介绍相对论的夏元瑮做理科学长。这种安排，震撼了当时的学术界和教育界，得到学生的欢呼拥护。李大钊到北大，是蔡先生请来的；李四光到北大，是蔡先生请来的；胡适到北大，也是蔡先生请来的。章士钊创立逻辑的学名，北大就请他用"逻辑"开课；胡适和梁漱溟对孔子的看法不同，蔡先生就请他们同时各开一课，唱对台戏。当时，很少学校开设世界语课程，北大开了，并附设了世界语讲习班。

1917年以后的几年里，北大30岁左右的青年教授相当多，其中不少人和蔡先生并不相识，而是从科学论文中发现请来的。这是蔡先生兼容并包在北大的主要表现，也是最了不起的一面。我想，北京大学之所以能够始终走在新思想新科学队伍的最前面，未始不发轫于此。

蔡先生在北大最关心学生的课外生活。1917年11月，蔡先生请著名画家陈衡恪（师曾）在北大讲"清朝的画法"（后以《中国之文人画》发表），并携带石涛、吴历、恽寿平和四王画幅十多件展览，由蔡先生自己主持，全校轰动。过了三天，有许多同学发起组织画法研究会，由学校聘请著名画家陈衡恪、贺履之、汤定之、徐悲鸿为导师。蔡先生还亲自写了一篇《北京大学画法研究会旨趣书》，指出"科学、美术同为新教育要纲"，要求参加的同学"不可不以研究科学之精神贯注之"。

接着成立的课外活动社团，除各系学会外，还有文学会、演说会、音乐会、书法研究会、考古学会、歌谣征集会、摄影学会、技击会（拳术）、体育会（球类）、静坐会、进德会等。其中音乐会发展最快、影响较大。一次蔡先生请古琴家王心葵（山东人）在二院大礼堂演奏古琴，同学们除了欣赏乐曲以外，还兴起了发掘古乐器和古乐谱的强烈要求。后由音乐会发展为音乐传习所，请来不少民间音乐家如刘天华等来所担任讲习和演奏。还培养出一些音乐人才，有志研究中国古代乐律的杨没累（早逝）就是音乐传习所的学生。静坐会由于蔡先生的朋友蒋维乔来校讲演，谈到静坐是休息头脑的好办法，因而成立的。参加的人不是全天静坐，只以每日下午4—5时为实习时间，并规定早晚可以自习，不得妨及功课，这是和宗教的禅定绝对不同的。

应该特别指出，当时基督教青年会和孔教会一类的宗教组织，在大中学校不是不存在的，但是在北大完全没有，而且始终没有过，所以老北大的课外社团林立，正是蔡先生以美育代宗教的一种体现。

（选自《蔡先生在北大的二三事》，原载于《文史资料选编》第83辑，全国政协文史资料编委会编，文史资料出版社1982年版）

我不长朕即国家者之焰

郑天挺

　　蔡先生待人接物，彬彬有礼。很多人称他为"好人"，是有原因的，但绝不是世俗的"滥好人"。蔡先生对大是大非是严肃不苟的。他提倡新文化，领导五四运动，发起民权大同盟，以及在北大开放女禁，论洪水猛兽是旧思想而不是新思潮，以和社会上旧势力做斗争，都是昭昭在人耳目的。我再举几件蔡先生坚持原则的小事。

　　五四后，北大开放女禁，有人主张多加收容，蔡先生坚持女生应该和男生同时同等考试入学的原则，认为这时考期已过，只能先收旁听生。所以北大最初只有三位女同学。

　　1922年前后，许多同学在《北大日刊》展开考试问题的讨论，主张废止考试，并向学校提出要求。随后蔡先生也在《北大日刊》上作了答复。蔡先生认为，大学是培养人才的地方，学校有责任考核学生的学习情况，没有考试就无从考核，也就难以发给证书，所以原则上不参加考试只好不发证书。于是这一讨论终止了。记得只有朱谦之声明，毕业不要证书，也不参加考试。他确实这样做了。

　　1930年秋，国民党某省政府改组，一个北大同学请蔡先生向蒋介石推荐他，并托老同学联名致电蔡先生促成。蔡先生很快给了回电，只坚定的一句话："我不长朕即国家者之焰。"可以看出蔡先生在大问题上的不妥协。

朱经农对老朋友说过，抗战时蒋介石在重庆自兼中央大学校长，请他做教育长，两人同去就职，车上蒋介石痛诋蔡先生在北大的办学（这时蔡先生已逝世），可见蒋介石对蔡先生是始终不满的。

（选自《蔡先生在北大的二三事》，原载于《文史资料选编》第 83 辑，全国政协文史资料编委会编，文史资料出版社 1982 年版）

蔡师鼓励我留学印度

魏凤江

记得在 1924 年 4 月，印度诗人泰戈尔来我国访问，受到各界人士的热烈欢迎。他在各地欢迎会上所做的讲演，内容广泛，涉及文学、哲学、教育、艺术及政治等方面，而最使我国学者感兴趣的，是恢复当时中断已久的中印文化交流问题。泰戈尔认为两国必须互派留学生，研习对方的历史和文化，相互增进认识和了解。他声称，愿把他所创办的国际大学作为中印文化交流在印度的中心，欢迎中国学生前往国际大学留学。

当时我国学者如梁启超、辜鸿铭、梁漱溟、郑振铎及其他有识之士，莫不赞同泰戈尔的创议。但自泰戈尔归去以后，我国战乱时起，人心不安，关于中印文化交流问题，也就无人提起了。

20 世纪 30 年代初，日寇侵入东北，国人忆及中山先生遗嘱，中有"联合世界上以平等待我之民族，共同奋斗"一语，于是力求与南亚及东南亚各国人民友好往来。环顾全球，唯有同受帝国主义者压迫之民族，与我国人民最为亲睦，如能团结一致，力量是无比强大的。至此，与印度人民的交往，又成为我国人民心向往之的了。

蔡元培先生早年曾在欧洲与泰戈尔多次会晤，交往甚密，对促进中印文化交流问题，两人早有同见。蔡先生任中央研究院院长以后，鉴于中印两国人民友好团结之重要性，乃命其学生谭云山持函赴印度谒见泰戈尔，商讨促进中印文化交流的具体规划。泰戈尔获蔡先生书，甚为欣喜，即复函蔡先生云："我十分欣赏你对促进中印文化交流之决心与规划。"

蔡先生认为促进中印文化交流，兹事体大，须集合有志者，群策群力以谋其成。乃在南京创立中印学会，邀约各界知名人士50余人，集会讨论。群推蔡先生为会长，以谭云山为常务理事。

中印学会成立后，亟须进行之事有三：1. 选派中国留学生，赴印度留学；2. 在南京建立印度学院；3. 在印度建立中国学院。

但事又有出乎意料者，即轻而易举地选派学生赴印一事，竟遇到极大困难。因当时我国学子多向往留学日本和欧美各国，无人愿往印度。

谭云山先生归国期间，曾在上海江湾立达学园任教，是我的老师。我毕业后，自告奋勇，愿赴印度国际大学，师事诗人泰戈尔。谭先生欣然带我到愚园路谒见蔡元培先生，前后共有三次。蔡先生连声赞我："难得，难得！有志，有志！"他表示要尽力支持我赴印度留学，并赠我题词一幅："智者不惑，仁者不忧，勇者不惧。"

我作为中印学会派赴印度的第一名留学生，于1933年底赴印，成为国际大学第一名中国学生。

初见泰戈尔时，我即呈上蔡元培先生与谭云山先生的介绍信，并详告南京中印学会成立之经过。泰戈尔盛赞蔡先生之为学与为人，称蔡先生为恢复并促进中印文化交流之奠基人。

我每年有函寄呈蔡元培先生，报告在国际大学学习情况。蔡先生命秘书陈大齐先生代笔复信，对我学有进步，甚表欣喜，并嘱我务必把印度语言文字学好，说这是研习印度学术、了解印度国情的锁钥；同时要我广交师友，为中印人民友好团结打下基础。我在国际大学七年期间，善与同学相处，随之参加各种反对英帝活动，并于1937年不远千里，奔赴圣雄甘地住处，乐与"贱民"同习功课五个月，结识了印度国大党的不少领导人物，这都是秉承蔡元培先生的意旨而行事的。

1936年3月初，谭云山先生由上海来到国际大学，带来蔡元培先生给泰翁的一封信，信中说：

> 历史上印度一度对中国文化产生无可比拟的影响。尽管近几个世纪来我们两国知识分子间的联系有所减少，可是对于我们每个珍视自己祖国文化传统的人来说，没有什么能比恢复这种传统的友好联系，以便我们学习贵国的使古代文化适应现代社会的方法和经验而更受我们欢迎的了。

1937年，国际大学中国学院大厦竣工，于4月14日举行成立典礼。原定蔡元培先生来印度主持典礼，泰戈尔及国际大学全校师生，翘首盼望德高望重的蔡元培博士早日来临，不意在吉日前半个月，谭先生接蔡公来信，谓因健康不佳，不能远道来印，命特告泰翁致歉意。信中并云：中国学院成立，为促进中印文化交流之开端，后必赖我人与泰翁及国际大学师生密切合作，精心探求学院发展与充实之道。所需经费与书籍，定当不断供给，无虞匮乏。

不久以后，中央研究院即寄来《四部备要》等古籍10余箱，并决定给予中国学院常年经费2.6万罗比（印币）。

学院自1938年起，陆续招收印度及各国学子研习中国语言、文字、历史、文学等科，数十年来，培养甚多优秀的汉学人才。蔡元培先生对促进中印文化交流之努力，结出了丰硕的果实。

（原载于《杭州文史丛编》，杭州市政协文史委编，杭州出版社2002年版，有删节）

蔡元培在北大的改革措施

高平叔

1916 年冬，蔡先生在法国，北洋军阀政府的教育部电促他回国，就任北京大学校长。

蔡先生到了北大，进行了不少改革，使学校风气为之一变。这主要表现在两个方面。

第一，他首先致力改革的，是学生上学的观念。北大的前身是清末光绪二十四年创立的京师大学堂。辛亥革命后，改名为北京大学。北大学生就是从京师大学堂的"老爷式学生"嬗继下来的。当时，大多数学生并不读书，只想在北大混一个毕业资格，作为将来升官发财的敲门砖。他们整天为挤进官场鬼混，练习联络拉拢的手段，根本不钻研学术，不讲究真才实学。即使有少数肯读书的，也多半抱着科举时代的观念，认为读书是求取功名利禄的捷径，因而也不具有从事学术研究的志趣。针对这种状况，蔡先生到校后，第一次发表演说，就指明"大学学生当以研究学术为天职，不当以大学为升官发财的阶梯"。为贯彻这一方针，他聘请大批"积学而热心"的著名学者任教，并调整科、系设置，充实教学内容，举办各种学会和讲演会，创造了浓厚的学术空气，"为学术而学术"的口号逐步在学生中发生影响。风气造成之后，那些不重视学术和仍以学术为晋身之阶的学生，就日益减少了。

第二，他提倡学术自由。他在复林琴南的信中，阐明了他在北大推行的两种主张：

> （一）对于学说，仿世界各大学通例，循"思想自由"原则，取兼
> 容并包主义……无论有何种学派，苟其言之成理、持之有故，尚不达自
> 然淘汰之运命者，虽彼此相反，而悉听其自由发展。……
>
> （二）对于教员，以学诣为主，以无背于第一种之主张为界限。其
> 在校外之言动，悉听自由，本校从不过问，亦不能代负责任。例如复辟
> 主义，民国所排斥也，本校教员中，有拖长辫而持复辟论者，以其所授
> 为英国文学，与政治无涉，则听之。

尽管蔡先生实行"圆通广大，兼容并包"主义，尽管他能容纳拥护清
室的辜鸿铭和拥护袁世凯称帝的刘师培等人在北大任教，但他自己始终站在
新文化运动的进步的这方面。例如，当时提倡白话文，他坚信白话文必将盛
行，他自己常用白话写文章来示范，并常为推广白话文进行鼓吹。又如，当
时有"尊孔"与"非孔"之争，他曾表明他素不赞成董仲舒罢黜百家、独尊
孔氏之说。事实上，早在民元，他任教育总长时期，就把清代教育宗旨中
"尊孔"一款删除了，并在宣布教育方针时，说它不合用了。

更重要的是，他聘请了当时在政治上或学术上具有革新思想的大批学者
到北大任教，如李大钊、陈独秀、马寅初、周鲠生、马叙伦、钱玄同、沈尹
默、刘半农、胡适、丁西林、李四光、夏元瑮、王星拱等人。他们在介绍世
界学术成果、传授科学研究方法、提高学术水平、活跃学术空气等方面，在
不同程度上都曾发挥积极作用。

当时，李大钊等创办的《每周评论》、陈独秀主编的《新青年》，加上北
大学生出版的《新潮》等杂志，宣扬革新思想，阐述革命真理，唤醒群众觉
悟，在全国范围内，已产生巨大的影响。五四运动爆发以前，李大钊即发表
《庶民的胜利》《布尔什维主义的胜利》《我的马克思主义观》等许多文章，
介绍马克思列宁主义。《每周评论》还刊布了节译的《共产党宣言》这一重

要文献。

　　当然，蔡先生在北大提倡"学术自由"，强调"大学学生，当以研究学术为天职"，以及在校内组设教授会，主张由教授治校，等等，都是资产阶级的东西。但就当时的具体历史条件来看，这些都是和封建的东西尖锐对立的。它们有助于摧毁数千年来根深蒂固的封建传统，使新的文化得以冲破封建樊笼而迅猛发展。从反封建这一角度来考察，在当时，这些东西都有其积极的进步的意义。因此，它们能使当时北大的面貌为之一新，风气为之大变。这就为即将来临的五四运动铺平了道路。

　　（选自《五四运动时期的蔡元培先生》，原载于《文史资料选辑合订本》第83辑，中国人民政治协商会议全国委员会文史和学习委员会编，中国文史出版社1986年版）

第七章
风云时代的弄潮者

蔡师秘兴光复会

俞子夷

1903 年夏，蔡元培师为《苏报》案避青岛。是年冬，返沪办一日报，名《俄事警闻》。次年，日俄开战，日报改名《警钟》。是年秋，蔡师再度主持爱国女学（在爱国学社执教时兼长女学）。我则于爱国学社散后随同学往日本。初秋，由宗仰师（亦避至日本，与孙中山先生同寓横滨）介绍至横滨华侨所办中学学堂任教。1905 年初夏，我回上海，由蔡师介绍至新民学堂当教师。此校初创，由安徽万福华主持，实为其从事革命活动的机关。初冬，万枪击王之春，未中被逮，新民解散，蔡师招我至爱国女学。

爱国女学发起比爱国学社早些，开学比较迟些，学生很少，我去时暂教低班国文。蔡师知道我对化学有兴趣，嘱我研制毒药，所需器材由科学仪器馆供应。这是当时上海唯一的国人自办的理化器材供应机构，当然绝大多数是日本进口货，但已有工厂开始仿制及修配。钟观光先生，宁波柴桥人，热爱科学，设此机构，对学习研究理化者帮助极大。更译印过两种化学书，一为《定性分析》，一为《伊洪论》，概述当时新兴的电离学说。我课余读书，实验，试制氰酸，一试即成。蔡师嘱工友弄来一猫，强令其服，只几滴，猫即中毒死。蔡师认为液体毒药使用不便，易被人发觉，必须改制固体粉末。于是向日本邮购了一批药物学、生药学、法医学等书，从事研究，但无大进展，而研究的对象，不久即转向炸药。

试制炸药有个秘密组织，人数不多，地点在冷僻的弄里，邻近全是贴招租的空屋。何海樵是熟识的，在爱国学社时教过我们兵操。另一位是苏凤初，系初相识。开始时，举行了个类似会党里的"歃血为盟"的庄严仪式。

实验室陈设简单，桌凳外全是药瓶及玻璃器皿。每天定时学习，先制雷银；第一次成功，第二次浓烟上喷而失败，第三次又成功。棉火药颇易制，硝基甘油则屡试不成。反复研究，原因是硝酸、硫酸不够浓。钟先生处只有普通试验用的。打听到外国药房有强酸出售，利用我短发西装，可以冒充日本人出入采购，不易惹人注意。外白大桥堍的大英药房有上好强酸，科发药房的甘油很纯，三种东西分作三次买。用这等药品一试即成，连试连成。我们只有一部江南制造局译印的《化学大成》作参考，日文书关于炸药的远不如关于毒药的易得。学完暂告一段落，此后着重各自分别研究。末一种爆炸力极大，何曾把玻璃研成粉末，与制成品拌和，突然爆炸，满面受伤，久治始愈。日文化学书提到此种液状物宜用硅藻土吸收，但我们无法弄到。

这个小组只管试制炸药，弹壳问题是否另有小组负责不得而知。组织极端秘密而严格，同组共有几人我也不知；所知者，只是同时试制的三人。杨笃生同组，久后始知。但是我亦为弹壳事做过一次居间人。蔡师拿一份何海樵绘的图样，嘱我设法接洽一个工厂试制。经常往来的薛立生表示过，他厂内无法试制。

探询数处后，最后我往科学仪器馆接洽，店员允交工厂研究后再决定。临行前，我给以英文地址、姓名，几日不见答复，往询原经手店员，他说：工厂不能做，已将原件邮寄退回。问明所投邮筒地点后，我即用英文写信向邮局查询，一两日后图样寄到，并附言说，上次按址递送，收件处答以无此人故退。再查问工友，则云确有此事，因不知英文姓名是谁，这里不住外国人，故不收。那天我适外出，没有预先通知工友，事有凑巧，邮件恰在这时送来，几乎将要件丢失。弹壳做不成，贻误了大事，后来得知杨笃生为此事致函蔡师催促，北京方面正待使用（即指是年九月吴樾事言）。

将近寒假前，蔡师与我谈起组织问题，他提示几点纲要，嘱我起草一种章程，会名定"光复"，以示光复我们汉族祖国之意。写成他斟酌修改后，我用氯化钴液誊在六行二十格的老式文格上。章程在行间，格内另用墨笔抄一篇古文。氯化钴写时带红色，烘干即无色，喷水受潮，又现淡红色。

章程以外，有一套通信用的暗语，多以商业中词汇语句作代，例如："销路畅"代"工作顺利"，"生意不好"代"情势不利"之类。成员亦各有一类似店号的代用姓名，例如我的代号是"怡康"。更有一套相见时探询用的暗语，例如：你认识黄先生吗？（是否成员）何时认识？（参加年月）何地认识？（入会地点）问答时，必须做些手势，例如问答那一题时，右手伸中指，无名指、小指并置右膝上，问答另一题则须头向左看看。据说此种方式均是模仿会党的做法。从此等情况看，那时发起组织的光复会，是个秘密的暗杀团体。

寒假不久，蔡师堂弟国亲先生带其未婚妻来。国亲先生是来教国文的，其未婚妻则准备入学读书。汤尔和来，与我同时住后厢房内，携一水烟袋，晨起必坐在被窝中吸几分钟，且吸且与我谈，如是者好几天始去。女学堂假期中很多男性客人出入，易惹邻居注目，于是在门口贴一"假期音乐研究会"的纸条作掩护。汤能奏风琴、唱歌，音乐教师吴丹初住在附近，仍常来校，并拿出昆曲折子来教我们，学拍"收拾起大地山河一担装"。蔡师本不住校，假中仍来，反比开学时到校的时间多些。阴历过年，吃年夜饭，喝酒猜拳，兴高采烈。蔡师善劝酒，我被灌醉，回房大吐，他们散席后还有些人结伴去逛马路。

所谓1904年冬，上海成立光复会，殆即指此，并没有正式开成立会、议决会章、推选会长等事。时太炎师在狱中。从往来者与蔡师分别接谈的情况看，不难推知会是在极度秘密的方式中成立的。或者另有正式成立会，当时未招我参加，亦很难说。然后来见到名册，则我名及店号确在内。

从此时起直到暑假，往来的客人难得有间断的日子。回忆中印象较深的如：黄兴常穿响皮底鞋，赵声、徐锡麟，每来辄谈捐官、做官等事。赵的一套武官行头（皮衣包帽笼及一双靴）时常寄存在我所住的厢房内（男子住校者只我一人）。秋瑾的服装举止，完全像日本女学生，鞠躬礼十分到家，别的中国留日女学生在这一点上每易露马脚。陶成章、龚未生住在校内译催眠术，蔡师对催眠术颇感兴趣，据说此术亦可用作暗杀工具。

假后的女学，面目一新，校舍扩充，师生增加，更重要的是教学内容有很大改革，并且办学宗旨明确。如增设法国革命史、俄国虚无党史等科，蔡师手著校歌有"特殊新教育，旧法新俄吾先觉"句，可以明确这个女学为训练青年女子实行暗杀以实现虚无主义的机构。特重化学科，五六个高班生每日学一时，由我担任。新辟的校舍，楼下供蔡师全家及我居住，楼上一部分划给学校，留出一间做化学实验室。此室及楼下宿舍与学间虽有便门可通，但平时不用。学生来实验室上化学课，须从大门出入。这样表面上看，像一普通住家，可以减少外人对楼上试制炸药的注意。某日，将要实验氢气点火，先一晚我预试不慎爆炸，损坏器皿不少。玻片飞溅，我唇边擦破出血，火油灯亦被震熄，但稍远处桌上正在滤洗的硝基甘油无恙，险哉！险哉！事后误传，当是炸药爆炸，实情如上。

1905 年春，芜湖安徽公学校长李德音来上海请化学教员，蔡师介绍我去。暑假回上海，蔡师将离沪他去，女学名义上由蔡师维乔继，实际工作由徐紫虬任教务，吴书箴任庶务。从此女学转变成普通中学。革命性的特殊新教育昙花一现，为时仅一个学期。

再去芜湖前，蔡师尚在沪，未与我提及光复会事。后接师函，介绍我明年返沪转黄炎培主持的广明学堂。并云光复会有文件、工具、书籍一批交我保管，又嘱日后同志往来过沪，我应多与其联络。寒假回沪，受委托者将这批物件点交给我，从此成为我行李的一个重要部分。文件内有店号名册、同志来信、暗语表、账簿，上文所提那份图样亦在内，唯独不见会章。辛亥后，我草率将文件焚化。当时想法幼稚而片面，以为工具可供实用，文件已成明日黄花，对历史文物全未注意其价值。工具书籍在抗日战争中散失，只有一把小钳、一个螺丝钻，我经常携带、备用，至今尚在。

偃旗息鼓并非形势不利，各地革命情况正在高涨。后悉蔡师用一种方式将光复会并入同盟会，即个别介绍会员先后加入同盟会，光复会在上海方面的活动停止。事实上，会员已分散各地，要活动也少人主持。蔡师《我在教育界的经验》一文中关于这一时期的叙述，只提及介绍某某入同盟会及同盟秘密小组，而对于秘密性的光复会则只字不提。并入之说，此可旁证。但光复会部分会员（其中有先入同盟会者）则另行改组，公开活动，故不承认并入之说。有人认为蔡师"短于策略""不耐人事烦扰""会事无大进展"，实即嫌其不发展，所以要加以改组使之大发展。亦有人认为小集体并入大集体，秘密性的小会发展成公开的大会，是进步的表现。不过，事实上并与未并，后来更分歧日甚。

蔡师当时的安排颇耐人寻味。一面介绍我至广明学堂，嘱保管光复会物件，但不介绍我入同盟会；一面介绍广明黄校长入同盟会，并另以一份店员名单交他保存，而又不以此事告知我（1954年黄炎培来杭，闲谈中始提及）。前者似表不并，后者又像表示并，但这只是猜度而已。

广明在1907年初迁浦东，改名浦东中学，春季某日，有人在我手中塞一纸条，铅笔字，只数语，言孙少侯来申住某处，约某日某时一晤，无署名。如期往虹口一家日本旅馆，上楼入室，见孙病卧床上。不久，另一探病者来，初疑为一日本女子，细视乃秋瑾。只此三人，彼此交换些会员的情况，约谈一小时而别。蔡师嘱留沪做联络工作，仅有这一次，此后至辛亥，未遇过会中同志。是年夏，秋瑾在绍兴被害，孙后来在北京被袁世凯软禁，而为洪宪请愿六君子之一。

（选自《忆蔡元培先生和草创时的光复会》，原载于《文史资料选辑合订本》第26卷，中国人民政治协商会议全国委员会文史和学习委员会编，中国文史出版社2011年版）

蔡元培与五四风云

高平叔

　　五四运动爆发的基本原因，是帝国主义对中国的加紧侵略，和北洋军阀政府对内残酷压迫、对外妥协投降所造成的民族危机。而直接的导火线，则是巴黎和会上中国外交的失败。第一次世界大战结束后，在英、美、法、日等帝国主义国家操纵下，各战胜国于1918年底至1919年中，在巴黎近郊凡尔赛宫举行重新分割殖民地的"和平会议"。和会不仅无理拒绝中国提出的废除帝国主义在华特权的正义要求，还进而决定由日本接管德国原在我山东的全部权益。北洋军阀政府竟准备在这样的"和约"上签字。消息传来，举国愤慨。

　　1919年5月4日下午，由北京大学学生发起，联同北京各大专学生3000多人，在天安门前集会，举行游行示威，手执小旗，高呼"外争国权，内惩国贼""拒绝和约签字""头可断，青岛不可失"等口号，要求严惩亲日的卖国贼曹汝霖、陆宗舆、章宗祥。游行队伍到达东城赵家楼曹汝霖住宅时 [1]，将章宗祥痛加殴打。反动巡警尾随放枪，追捕学生30余人，以枪柄猛击。其余学生回校后，立即在北大法科开会。蔡先生赶到，说他很赞同学生们的举动，但须按照法律手续；他去找王宠惠博士给他们以帮助。当天晚

---

[1]　曹汝霖住宅起火。据说曹汝霖自行纵火，企图烧死进入他家的学生以泄愤，并拟自毁其秘密文件。

上，学生们又在北大文科开会，蔡先生特请王宠惠到会列席，共同研讨对付警察厅的法律手续问题。

5月5日，各大专学校学生因三十几个爱国同学被捕，群情激愤，全体罢课，抗议力争。5日、6日两天，蔡先生和各大专校长连续在北大开会，议定：学生此举，是集体公共行动，不应由被捕的少数学生负责。若谓此次运动是从学校里发生的，那就应当由各校校长负责，由各校校长自身待罪。6日下午，蔡先生和各校校长同往教育部，详述被捕学生未放，京、津各校学生愤而全体罢课，要求立即释放。教育总长傅增湘允向国务总理钱能训疏通。各校长继至警察厅，要求释放，警察总监吴炳湘推说该厅无此权力。

五四运动爆发后，北洋军阀反动政府原拟严惩学生，解散各大专学校，更换蔡先生及各校校长，致使傅增湘愤而辞职[1]。5日政府会议，已制定警戒教育当局及将学生交法庭惩办的命令。随着14所大专学校学生全体罢课，14校校长和商会、山东籍国会议员，以及王宠惠、林长民等人纷纷要求保释，商会并拟罢市声援。反动政府感于民气大张，众怒难犯，迫不得已，于7日上午将被捕学生全部释放。于是，5月8日，北大和各大专学校渐有形式上的上课。

5月9日，蔡先生于清晨5时秘密乘车去天津。至午后，北大师生始知其事，并发现他留下的启事一纸。原文如下：

> 我倦矣！"杀君马者道旁儿。""民亦劳止，汔可小休。"我欲小休矣。北京大学校长之职，已正式辞去；其他向有关系之各学校、各集会，自五月九日起，一切脱离关系。特此声明，唯知我者谅之。

这份启事中提到"北京大学校长之职，已正式辞去"。现将他5月8日

---

[1] 傅增湘于5月5日提出辞呈，听候处分，11日晚失踪。据说蔡先生9日辞职出京后，北大学生群起向傅索留校长，有不达目的之不止之势，而傅在徐世昌政府中有难言之隐。兼之北大及各大专学校教职员均拟向傅辞职，局面无法维持，傅不得不挂冠而去。

提出的辞呈附列：

> 为呈请辞职事：窃元培自任国立北京大学校长以来，奉职无状，久
> 思引退。适近日本校全体学生又以爱国热诚，激而为骚扰之举动，约束
> 无方，本当即行辞职。徒以少数学生被拘警署，其他学生不忍以全体之
> 咎归诸少数，终日皇皇，不能上课，本校秩序极难维持，不欲轻卸责
> 任，重滋罪戾。今被拘各生业已保释，全体学生均照常上课。兹事业已
> 告一段落。元培若再尸位本校，不特内疚无穷，亦大有累于大总统暨教
> 育总长知人之明。敬竭诚呈请解职，并已即日离校。一切校务暂请温宗
> 禹[1] 学长代行。敬请大总统简任能者，刻期接任，实为公便。谨呈。

蔡先生离校出京后，北大学生极为震动。一面发电至上海各报、各团体
代为挽留，并上书教育部要求急速挽留；一面与北京各大专学校共派代表20
余人赶往天津，挽蔡校长回校。代表们在津未得他的踪迹，公推四人追踪南
下，天津学生也派两人一同前往。与此同时，蔡先生在途中给北大学生写了
一封信：

北京大学同学诸君鉴：

> 仆深信诸君本月四日之举，纯出于爱国之热诚。仆亦国民之一，岂
> 有不满于诸君之理。唯在校言校，为国立大学校长者，当然引咎辞职。
> 仆所以不于五日即提出辞呈者，以有少数学生被拘警署，不得不立于
> 校长之地位，以为之尽力也。今幸承教育总长、警察总监之主持，及他
> 校校长之援助，被拘诸生，均经保释，仆所能尽之责，止于此矣。如不
> 辞职，更待何时。至一面提出辞呈，一面出京，且不以行踪告人者，所
> 以避挽留之虚套，而促继任者之早于发表，无他意也。北京大学之教授

---

[1] 温宗禹是当时北大的工科学长，即工学院院长。

会，已有成效，教务处亦已组成，校长一人之去留，绝无妨于校务。唯恐诸君或不见谅，以为仆之去职，有不满意于诸君之意，故特于途中匆促书此，以求谅于诸君。

十日　蔡元培启

5月9日辞职出京这件事，蔡先生在《我在北京大学的经历》文中，只简略地提了一下。他说："被拘的虽已保释，而学生尚抱再接再厉的决心，政府亦且持不做不休的态度，都中宣传政府将明令免我职，而以马其昶君任北大校长。我恐若因此增加学生对于政府的纠纷，我个人且将有运动学生保持地位的嫌疑，不可以不速去。乃一面呈政府，一面秘密出京。"

事实上，蔡先生自长北大，容纳新潮，大倡改革，久为北洋军阀政府所嫉忌，早欲去之而后快。五四运动爆发后，反动政府即主严办学生，解散大学。据说政府会议时，傅增湘曾为蔡先生辩解，钱能训怒曰："汝谓蔡鹤卿校长地位不能动摇，假如蔡死则何如？"言外之意，显然是阴谋暗害蔡校长，摧毁北大，瓦解五四运动。

不久前，我看到1919年5月17日天津《益世报》载有消息一则，记述蔡先生当时在天津车站的一次谈话。虽在蔡先生生前，我不曾找到这段消息，送给他核实，但从消息中所提的南下后杜门译书的打算，与同年7月下旬发表的《告北大学生及全国学界书》中所提到的来对照，这一消息是较有参考价值的。

本埠确实消息：蔡孑民已于十日乘津浦车南下。登车时，适有一素居天津之友人往车站送他客。遇蔡君，大诧异曰："君何以亦南行？"蔡君曰："我已辞职。"友曰："辞职当然。但何以如此坚决？"蔡曰："我不得不然。当北京学生示威运动之后，即有人频频来告，谓政府方面之观察，于四日之举，全在于蔡。蔡某不去，难犹未已。于是，有焚烧大学、暗杀校长之计划，我虽闻之，犹不以为意也。八日午后，有一平日甚有交谊而与政府接近之人又致一警告，谓：'君何以尚不出京？岂不闻焚烧大学、暗杀校长等消息乎？'我曰：'诚闻之，然我以为此等不过反对党恫吓之词，可置之不理也。'其人曰：'不然，君不去，将大不利于学生。在政府方面，以为君一去，则学生实无能为，故此时以去君为第一义。君不闻此案已送检察厅，明日即将传讯乎？彼等决定，如君不去，则将严办此等学生，以陷君于极痛心之境，终不能不去。如君早去，则彼等料学生当无能为，将表示宽大之意敷衍之，或者不复追究也。'我闻此语大有理。好在辞呈早已预备，故即于是晚分头送去，而明晨速即离校，以保全此等无辜之学生。"

询以此后作何计划。蔡曰："我将先回故乡视舍弟，并觅一幽僻之处，杜门谢客，温习德、法文，并学英语。以一半时力，译最详明之西洋美术史一部，最著名之美学若干部。此即我此后报国之道也。"

蔡先生辞职出京，不仅北大及北京学界群情惶惑，而且引起全国各地学生极大关切。正如上海学生联合会 5 月 15 日发表的宣言所表示：

蔡先生文章道德，中外推崇。自长大学，全国学界始有发皇振厉之气。乃一二顽冥奸佞之徒，竟不容思想界有一线生机，竟不容世界潮流有一分输入。夫蔡先生去，则大学虽存犹死；大学死，则从此中国之学术思想尽入一二有权威者掌握之中，而学界前途遂堕于万劫不复之境。岂唯蔡先生一人、北京大学一校之关系，中华将来之文明，实将于此决其运命。

由于全国学生认为蔡先生的去留对当时教育、文化的影响至深且巨，就坚决要求挽留他，并把恳切慰留蔡校长和傅增湘教育总长作为向北洋军阀政府提出的六大政治要求之一。

在北大与北京各校师生强烈要求以及全国各界积极声援的压力下，北洋军阀反动政府要弄两面手法：一方面，由大总统徐世昌假惺惺地发布批复不让蔡先生辞职的指令，说什么"呈悉。该校长殚心教育，任职有年，值兹整饬学风，妥筹善后，该校长职责所在，极待认真擘理，挽济艰难。所请辞职之处，着毋庸议"。另一方面，则进一步镇压学生，阴谋撤换蔡校长和傅教育总长。

留蔡令发布后，北京各校教职员联合会用电报通知蔡先生，并派代表去杭州催他回京。蔡先生深恐因他个人去留问题使北大学生失学，即于5月20日复电同意回任：

> 大总统、总理、教育总长钧鉴：
>
> 　　奉大总统指令慰留，不胜愧悚。学生举动，逾越常轨，元培当任其咎。政府果曲谅学生爱国愚诚，宽其既往，以慰舆情，元培亦何敢不勉任维持，共图补救。谨陈下悃，伫候明示。元培。

按理说，北洋军阀政府应当立即去电催促他早日来京，表示政府慰留的诚意。但迟延日久，迄无反应。因此，蔡先生不得不暂缓北上，观察局势的演变。

留蔡令发布后，北大与各大专学校师生认为，此令语含责备和不满之意；而挽留曹汝霖、陆宗舆两令，则婉转恳切，大不相同。而且，内阁全体辞职，徐世昌对其他内阁成员概不允准，唯独批准傅增湘辞教育总长。学生们愤愤不平。各校教职员联合会派代表找徐世昌和钱能训，要求明确表示政府挽留蔡校长的真实态度。

由于徐世昌政府对蔡校长和傅教育总长不仅毫无挽留的诚意，而且内定以鸦片鬼田应璜继任教育总长，打算以曾被学生驱逐过的胡钧接任北大校长；同时，对山东问题是否在和约上签字，不明确表态；对留日学生被日本帝国主义逮捕，不闻不问；不顾学生的爱国呼号，反而下令禁止学生集会、言论及发行印刷品的自由，学生们忍无可忍。从5月19日起，北京大专学校、中等学校一律罢课。天津、上海、山东、江苏、浙江、山西、湖北等省市的学生蜂起响应，群起罢课。

在这一时期，徐世昌反动政府更加强镇压。仅在 5 月 6 日至 25 日的 20 天中，连续发布四次弹压学生的命令；传讯了 5 月 4 日拘捕过的三十几个学生；解散了学生宣传爱国的讲演团；封闭了北京学生联合会所出的《五七》日刊；对当时曾支持过学生爱国行动的《益世报》《顺天时报》等，加以封禁并检查发稿。而且，派军警占领北大法科和理科，包围文科，将北大法科变为囚禁学生的拘留所。对游行讲演的学生大肆逮捕，几天之内，逮捕了 1000 人以上。反动政府的这些倒行逆施，激起了全国各界的无比义愤。

就在假惺惺地发出留蔡令之后，徐世昌悍然于 6 月 6 日发布"任命胡仁源署北京大学校长"的命令。这等于火上浇油，北大学生反对得为激烈，决定赏胡以闭门羹，并将以对付章宗祥的手段来对付胡。反动政府迫于北大师生的坚决抗拒，不得不把胡仁源调到教育部去任职，而由国务院及教育部于 17 日（洽）和 18 日（巧）连发两电，促请蔡先生即日返京复任。在当时反动政府加紧镇压学生的情况下，蔡先生当然不愿北上，于 20 日（号）复电，再次提请解职：

教育部傅总长钧鉴[1]：

巧电敬悉。元培奉职无状，理宜引退，猥承加电挽留，曷胜感愧。唯卧病经旬，近又加重。即愿忝颜北上，亦且力不从心。敢求转请大总统俯赐解职，别任贤者，庶元培不致以延误校务，重滋罪庆，拜赐多矣。并请徐秘书切勿劳驾[2]，尤为感荷。诸祈鉴察。蔡元培号。

国务院的洽电和教育部的巧电，不过是迫于坚决拒胡、敷衍北大师生而

---

[1] 复国务总理的电文完全相同。教育总长傅增湘已离职，由次长傅岳棻代理。

[2] 教育部巧电中说，拟派徐秘书来杭迎接蔡校长。

发的，根本没有挽留蔡校长的诚意。

五四运动爆发后，徐世昌政府一直想以马其昶或胡钧接任北大校长，随后又正式任命胡仁源署北大校长。胡仁源被北大师生唾拒之后，反动政府还念念不忘于抢夺北京大学。代理国务总理龚心湛等人曾打算以蒋智由继任北大校长，但蒋不愿被这群反动政客利用，拒绝了他们的笼络。上海报纸曾透露这一消息，龚等恼羞成怒，扬言国务院并不知有接洽蒋智由的事。于是，9月16日，上海报纸将龚心湛等给蒋智由的两电一函的原文刊布，其"艳电"云："北大校长，昨议推公，府院欢迎，敦嘱劝驾。仙揆拟派专使敬迓前来，特先电达，盼使到日速驾。"真凭实据，彻底揭露了反动政府蓄谋夺取北大、摧毁学生运动、破坏教育大计的卑劣行径。

随着学生罢课、游行、宣讲的爱国运动由北京扩及全国，北洋军阀反动政府越来越采取更加残酷的镇压手段，逮捕、囚禁了数以千计的手无寸铁的爱国学生。在这一严重时刻，中国无产阶级挺身而出，站到斗争的前线。6月3日以后，上海工人首先举行声势浩大的政治罢工斗争，天津、唐山、长辛店、济南、南京、杭州、九江、武汉、长沙等地的工人相继举行罢工。接着，全国许多地方的工商业者也举行罢市和抵制日货。这样，原来主要由知识分子参加的革命运动，就发展为有广大无产阶级、小资产阶级和民族资产阶级参加的全国范围的革命群众运动。

在全国范围的革命群众运动的洪流冲击下，北洋军阀反动政府惊慌万状，不得不接纳群众的爱国要求，被迫释放被捕的学生，罢免了曹汝霖、陆宗舆、章宗祥三个卖国贼的官职，并正式宣布拒绝在"巴黎和约"上签字。这次反帝反封建的五四爱国运动，终于取得了光辉的伟大的胜利。

五四运动的目的既达，北京各大专学校的秩序逐步恢复。唯独北京大学，仍处于非蔡先生回校无法处理校务的状态中。校内、校外各方面都催促他复职。于是，他在7月9日发出一电，表示放弃辞职之意，希望学生们安心求学：

上海全国学生联合会、北京中等以上学校学生联合会、北京大学学生干事部公鉴：

仆出京以后，宿疾屡发，本拟借此息肩。乃叠接函电，并由方、杨、朱、许、蒋、李、熊、狄诸君代表，备述诸君雅意；重以各方面责望之殷，已不容坚持初志。唯深望诸君亦能推爱仆之心，有所觉悟；否则，教育前途必生障碍。非特仆难辞咎，诸君亦与有责焉。元培佳。

北大全体学生和北京市学联、全国学联立即复电，对蔡先生"惠然肯来"，咸表欣慰！并表示"此后当益自策励，求学救国"。接着，蔡先生发表《告北大学生及全国学界书》，全文如下：

北京大学学生诸君，并请全国学生联合会诸君公鉴：

诸君自5月4日以来，为唤醒全国国民爱国心起见，不惜牺牲神圣之学术，以从事救国之运动；全国国民既动于诸君之热诚，而不敢自外，急起直追，各尽其一分子之责任。即当局亦了然于爱国心之可以救国，而容纳国民之要求。在诸君唤醒国民之任务，至矣，无以复加矣！社会上感于诸君唤醒之力，不能为筌蹄之忘，于是开会发电，无在不愿与诸君为连带之关系，此人情之常，无可非难。然诸君自身，岂亦愿永羁于此等连带关系之中，而忘其所牺牲之重任乎？世界进化，实由分工。凡事之成，必须预备。即以提倡国货而言，贩卖固其要务，然必有制造货品之工厂，与培植原料之农场，以开其源。若驱工厂、农场之人材，悉从事于贩卖，其破产也，可立而待。诸君自思，在培植制造时代乎，抑在贩卖时代乎？我国输入欧化，六十年矣。始而造兵，继而练军，继而变法，最后乃始知教育之必要。

其言教育也，始而专门技术，继而普通学校，最后乃始知纯粹科学之必要。吾国人口，号四万万。当此教育万能、科学万能时代，得受普通教育者百分之几？得受纯粹科学教育者万分之几？诸君以环境之适宜，而有受教育之机会，且有研究纯粹科学之机会；所以树吾国之新文化之基础，而参加于世界学术之林者，皆将有赖于诸君。诸君之责任何等重大。今乃为参加大多数国民政治运动之故，而绝对牺牲之乎？

抑诸君或以唤醒同胞之任务，尚未可认为完成，不能不再为若干日之经营，此亦非无理由。然以仆所观察，一时之唤醒，技止此矣，无可复加。若今为永久之觉醒，则非有以扩充其知识，高尚其志趣，纯洁其品性，必难幸致。自大学之平民讲演，夜班教授，以至于小学之童子军，及其他学生界种种对于社会之服务，固尝为一般国民之知识，若志趣，若品性，各有所尽力矣。苟能应机扩充，持久不息，影响所及，未可限量。而其要点，尤在注意于自己之知识，若志趣，若品性，使有左右逢源之学力，而养成模范人物之资格，则推寻本始，仍不能不以研究学问为第一责任也。

且政治问题，因缘复杂。今日见一问题，以为至重要矣；进而求之，犹有重要于此者。自甲而乙，又自乙而丙、丁，以至癸、子等等，互相关联。故政客生涯，死而后已。今诸君有见于甲、乙之相连，以为毕甲不足，毕乙而后可。岂知乙以下之相联而起者，曾无已时。若与之上下驰逐，而夸父逐日、愚公移山，永无踌躇满志一日。可以断言，此次世界大战，德、法诸国，均有存亡关系，罄全国胜兵之人，为最后之奋斗。平日男子职业，大多数已由妇女补充。而自小学以至大学，维持如故。

学生已及兵役年限者，间或提前数月毕业；而未闻全国学生均告奋勇，舍其学业，而从事军队，若职业之补充。岂彼等爱国心不及诸君？愿诸君思之。

仆自出京，预备杜门译书；重以卧病，遂屏外缘。乃近有"恢复五四以前教育原状"之呼声，各方面遂纷加责备，迫以复出，仆遂不能不加以考虑。夫所谓"教育原状"者，宁有外于诸君专研学术之状况乎？使诸君果已抱有恢复原状之决心，则往者不谏，来者可追。仆为教育前途起见，虽力疾从公，义不容辞。读者君十日三电，均以"力学报国"为言。勤勤恳恳，实获我心。自今以后，愿与诸君共同尽瘁学术，使大学为最高文化中心，定吾国文明前途百年大计，诸君与仆等当共负其责焉。

7月21日，蔡先生又由杭州发出一电，呼吁全国学生以学术为重，迅即复课：

全国学生联合会鉴：

五四以来，学界牺牲极大。现在六条要求 [1] 均有相当解决。希望通电全国学生诸君，一律上课，以慰国民之望。蔡元培。

设在上海的全国学生联合会迅即于7月22日发表宣言，宣告："自今日终止罢课。一俟秋高气爽，各校循例开学，即当挟管怀铅，重理旧业。"同一天，北大全体学生也发表宣言，声称："旷学两月余矣……前之罢课，所以爱国也。而爱国之方，盖非一成不易者。今蔡校长将回校矣，三失望 [2] 且全复矣，同人等自当俟全国学生联合会宣告开课之后，黾勉向学，从蔡校长重问道术，以蔚人文，以焕国光。此所以报国家，而报我期望殷殷之父老也。"

蔡先生原拟立即回校，由于胃病尚未痊愈，得教育部许可，暂时留杭医治，委托教授蒋梦麟做他的代表，先行办理聘请教员和招考新生等校务。

9月12日，蔡先生由杭州到达北京，主持北大校务。20日，举行开学

---

[1] 北京各校学生曾向徐世昌提出六条要求：（一）拒绝"和约"签字；（二）惩办卖国贼曹、陆、章；（三）挽留蔡校长和傅教育总长；（四）撤销镇压学生的警备令；（五）对留日学生被捕之事进行交涉；（六）维持南北和议。全国各地学生的要求基本相同。

[2] 北京学生联合会5月19日罢课宣言中列举了三大失望：（一）政府未表明对"和约"不签字的明确态度；（二）政府称许卖国贼，对蔡校长、傅教育总长则持相反态度，且有离奇的更换之主张；（三）对留日学生被捕不闻不问，不顾学生们的爱国呼号，反而禁止学生集会、言论及发行印刷品的自由。

典礼和全体师生欢迎会。他发表演说，着重说明德国大学的学长和校长均每年一换，由教授会公举；校长且由哲学、法学、医学和神学四科的教授轮值选任，从未发生纠纷。他认为五四运动的过程中，北大因校长去留问题引起了很大纠纷，影响了校务和学生的学业。为避免重蹈覆辙，他表示此后要使北大的教授会更为健全，从而使学校不因校长一人的去留而妨害校务。

纵观蔡先生从1916年底就任北京大学校长时起至1919年9月返校重理校务为止的一段史实，在五四之前，在当时具体历史条件下，蔡先生对运动的爆发，是起了相当的促进作用的；在五四运动过程中，对反帝反封建的爱国学生，他也尽了他所能尽的维护的责任。

（选自《五四运动时期的蔡元培先生》，原载于《文史资料选辑合订本》第83辑，中国人民政治协商会议全国委员会文史和学习委员会编，中国文史出版社1986年版）

时局动荡中的蔡元培

马庚存

1890 年，蔡元培 24 岁时去北京应会试，次年去北京补复试，应殿试，中进士，被点为翰林院庶吉士，1894 年被授职翰林院编修。

这期间，中国政局动荡不安，新旧思潮激烈撞击，爱国人士在思考中国的出路，蔡元培也在苦苦求索中。在京师高级学术机构，他广泛阅读各类书籍报刊，这期间他对新学及国外事务很为留心，对清廷妥协投降的对外政策深感愤慨。1897 年德国传教士在山东曹州被杀，德国军队从胶州湾登岸，占领胶澳海口，无能的清廷不作抵抗，大好河山沦于德国之手，蔡元培极为愤怒。

戊戌变法失败，蔡元培思想受到激烈冲击，根据自己在京城数年的观察与体验，他深感清廷标榜的政治改革实际上"无可希望"，断然离开京都，南下家乡绍兴，继续从事教育，他的人生出现重大转折。

蔡元培追求时代新潮，1901 年，他转到上海南洋公学任教。这是一所新式学堂，开设政法、理财等新型科目，还有英文等。学校实行新型教学方式，注重启发学生的学习积极性和能动作用。更重要的是，蔡元培逐渐萌发爱国思想，对学生注意将"教导重心在于灌输爱国思想"。

20 世纪初出现了爱国反帝斗争的新高潮。1902 年，与时俱进的蔡元培发起组织中国教育会，任会长。10 月在教育会基础上创立爱国学社，蔡元培被推为总理，还建了爱国女学。为响应留日学生抗俄行动，进行军事训练。青年爱国志士邹容由日本回到上海，住爱国学社，参与创办《苏报》，宣传其著《革命军》一书，与章炳麟等一道鼓吹推翻帝制、建立共和，受到社会各界的关注。蔡元培发挥自己的作用，积极支持爱国学社的活动。这些活动引起清廷注视，密谋对学社人士进行迫害。蔡元培倾心爱国，虽并不完全赞同邹容等的激烈言论，但仍被官府列为密拿严办的"希图作乱"为首之人。

形势是相当严峻的，在友人力劝下，蔡元培辞去所担任的商务印书馆编辑所长及爱国女学等职务，于6月下旬赴青岛，第一次来到这个建置不久的海滨城市。秀美的海光山色、清静的城市环境给他留下好感，这成为他日后经常到这里逗留的开端。

在德国人统治下的青岛，蔡元培开始结识德国人和学习德语。同时，他利用较为安宁的环境，进行学术研究，由日文转译了德国科培氏所著《哲学要领》一书，三个月完成，将译稿售于商务印书馆，聊以谋生。

不久，"苏报案"发生，章炳麟、邹容被关押，《苏报》被迫停刊，爱国学社停办，上海爱国力量遭到沉重打击，在青岛的蔡元培躲过劫难。风头过后，蔡元培返回上海，每月前往租界监狱探视章、邹等友人。

反帝爱国运动逐渐发展为反清革命高潮。1904年春，蔡元培又被推为中国教育会会长，继续进行革命活动。这年冬，革命派秘密成立革命组织光复会，他被推为会长，积极联络会党，秘密组织力量，利用教学工作，发展了不少爱国志士加入革命阵营。1905年孙中山在日本领导成立统一的革命组织中国同盟会，内定蔡元培为上海分部负责人，不久蔡在国内担任了这一职务。

由于革命党人不能认真联系民众，多采取秘密活动方式，斗争成效较差，革命陷入低潮。蔡元培仍寄情于学习西方，希望出洋寻求救国真理。1906年秋，清廷拟派翰林院编检出国留学，蔡元培去北京等候派遣，后因志愿游学者甚少，遂搁置停办。1907年，蔡元培随新任驻德公使孙宝琦赴德，在使馆任职员，后来他在柏林学习德语，做家教，编译书籍。此后，蔡元培获得机会进入莱比锡大学学习哲学，并从事学术研究，著有《伦理学原理》等。

辛亥革命爆发，爱国志坚、激情未泯的蔡元培于11月回到祖国。他得到革命派的信任和拥护，在上海参与筹建各省代表会议，投身反清革命活动。1912年中华民国临时政府成立，孙中山担任临时大总统，他任教育总长。以后，唐绍仪内阁成立，蔡元培继续担任教育总长。在这期间，他运用现代教育思想，大力清除封建教育的遗毒，全面建设学校，废除旧时私塾，对全国教育进行了若干重要改革，如主张以美育代替宗教，取消学生读经。蔡元培很有远见地聘用鲁迅任职于教育部分管社会教育，进行教育革命实践。

1912年7月，蔡元培力辞教育总长职务，再赴德国继续留学。1913年应革命派召唤返国参加反袁斗争，失败后又赴欧洲，到法国留学，并进行研究著译。在这个时期，他与李石曾组织勤工俭学会，开展新型的勤工俭学活动，1916年11月结束留学回国。

1916年12月，蔡元培被任命为国立北京大学校长，次年1月到任，开始了他最有成就的人生阶段。他以全国最高学府为基地，实践教育革命思想，大力培育新型人才，做出杰出成就，堪为现代教育的先驱者和领导进步思想潮流的学界泰斗。

蔡元培根据对国外教育的考察和针对国情的思考，主张一切学问当以科学为基础，奉行"兼容并包""思想自由"的办学方针，致力网罗人才，陈独秀、鲁迅、李大钊、胡适、辜鸿铭等新旧两派人物到校从事教育，新旧文化在北京大学激烈较量。他在学术思想方面主张民主自由，提倡平民教育，在历史上首次接纳女子进入大学学习。

蔡元培热情支持新文化运动，开展各种进步文化活动，使北京大学成为新文化运动的发源地、社会主义思潮的基地，成为1919年五四反帝爱国运动的发祥地。蔡元培积极支持收回祖国的领土青岛，为此大力鼓与呼。1922年5月4日，蔡元培发表《五四运动最重要的纪念》一文，主张大力进行活动，广集赎回胶济路的股款等，不久在欢送1922届毕业同学大会上，号召青年学生毕业后，踊跃认购股款，为赎回胶济铁路贡献力量。

1928年，蔡元培任国家最高学术评议机关——中央研究院院长，成为国家科学研究的学术带头人。1931年"九一八"事变爆发以后，蔡元培与宋庆龄、杨杏佛诸先生等发起"中国民权保障同盟筹备委员会"，救援爱国知识分子和青年志士，以图保留国家元气。1934年夏，学者范文澜被反动当局逮捕，蔡元培在青岛获知，与北京各大学校长、教授等24人联名营救，1935年1月使国民党被迫释放范文澜。"七七"抗战以后，蔡元培以精诚团结、言信行果训诚国人，为抗日救国而鞠躬尽瘁。

（选自《蔡元培与青岛》，原载于《青岛文史资料》第15辑，青岛市政协文史资料委员会编，青岛出版社2011年版）

蔡元培与绍兴地方志的不解之缘

任桂全

因为修志的机缘，在接触绍兴地区的一些地方志时，无意中发现蔡元培先生为民国《新昌县志》所作的《重修新昌县志序》。细读一过，在新鲜与感奋之余，翻检高平叔先生所编的《蔡元培全集》，竟没有收录其中，颇有一种遗珠之感。

蔡先生这篇序，作于民国8年（1919年）1月30日，时先生正在北京大学校长任上。这之前的民国5年，蔡先生的同乡金汤侯先生出知新昌县事。翌年，政事稍安，金先生即与乡士绅共商续修新昌县志事，并经邑人童学琦介绍，于是年夏聘象山陈宇襄先生为总纂，即行编修事宜，历时一年，志书告成。其时，童学琦正应蔡先生之聘，在北京大学国史编纂处做事。童学琦，字亦韩，新昌人，是光复会中人，清末曾任《杭州白话报》主笔，又与蔡先生去杭州筹办师范学校（未成），去临安为侨居的绍兴同乡创办小学，两人颇有同志之谊。一俟《新昌县志》告成，童即约请蔡先生为之作序。先生为人笃厚，既有友人之约，又系为乡里方志作序，因乐而为之。蔡先生作序时，虽尚未见诸志稿，但从所示凡例中，以为新志必有"异乎寻常"之处。充分肯定新志"地图之本于测绘，山川之特列纲目，教堂之附入寺院，灾异祥瑞之别列为轶闻，而附诸杂志，皆甄取新义"的做法。新志以道光新昌县志为评本，以光绪新昌县志为志稿，援据二本，更革凡例，文省事详，蔡元培先生因此称其为"得摩研编削，斟通今昔之宜"。

序言不仅对《新昌县志》作了客观的评价，还透露出一个基本事实：先生与绍兴地方志的不解之缘。正如序言开头所说，这种缘分，肇始于读乡贤章学诚的《文史通义》。先生幼年家境清贫，苦无藏书，幸有叔父铭山先生的支持，得有学习章氏遗书的机会。苦读中，他深有领悟，以至于影响了他的一生。后来蔡先生在《我青年时代的读书生活》一文中这样写道："章先生这部书里面，对于搭空架子，抄旧话头的不清真的文弊，指摘很详。对于史法，主张先有极繁博的长编，而后可以有圆神的正史。又主张史籍中人地名等均应有详细的检目，以备参考。我在二十余岁时，曾约朋友数人，试编二十四史检目（未成书），后来兼长国史馆时，亦曾指定编辑员数人试编此种检目（亦未成书），都是受章先生影响的。"

蔡先生青年时就博览群书，知识广博，但他说自己最喜欢的、最得益的，也最受影响的是三部书，即朱骏声氏的《说文通训定声》、章学诚氏的《文史通义》和俞正燮氏的《癸巳类稿》《癸巳存稿》。蔡先生对于章学诚这位清代方志学大师是很佩服的，而且深得章氏"圆而神""方以智"学说真髓的。

正是受章氏学说的启迪，蔡先生在 24 岁会试中式后，即应聘为《上虞县志》总纂。先生以如此年少，即出任县志总纂，若不是有深厚的学术根基和广博的社会知识，岂可贸然应聘？蔡先生 5 月到任，10 月便拟就志目与采访事例，计划全志分地篇、吏篇、户篇、礼篇、兵篇、刑篇、工篇、学篇、书篇、碑篇、列传、士女篇、杂篇、文征 14 篇，并从上虞县的实际出发，强调修志须以利民为本，欲改旧志重人文而轻经济的弊端，要求采访重视山水、都里、土产，以求记录入志。岂料先生一番苦心，不为时人所重，"同事多骇异之，喧传于馆外，引为笑谈"。为此，蔡先生又作《罪言》一篇，将自己所拟志目，与万历《上虞县志》和嘉庆《上虞县志》篇目对照列表，一一说明"或因或革之故"。从中不难看出，蔡先生的志目，既以章氏学说为本，又取酌为变通之道；既继承了前志的优点，又依上虞地情而有所革新。然而同事者依然"攻击如故",先生遂辞职回家。蔡先生一生有过多次辞职,其中情况各不相同,而辞去《上虞县志》总纂职,却是第一次。后来提起这件事,蔡先生说:"一生难进易退,大抵如此。"虽语不惊人,却足可令人想见先生的坦荡胸怀和立身处世的君子风度。

其实,蔡先生所拟志目与采访事例,尽管遭到同事反对,但仍不乏知音。浙江督学使潘衍桐(峰琴)在《重修〈上虞县志〉叙》中就特别指出:"任编葺之役者蔡贡士元培,为予岁试所取优等士,邃于经,兼通诸子百家,文笔尤工。"当时为上虞县志馆长的朱黻卿氏,对蔡先生的志目亦充分予以肯定,认为重修《上虞县志》"义例精当,卓然成家,则自有蔡君之说在",并将蔡先生所拟志目刊于光绪《上虞县志》卷末,为后人留下了一个无穷的回味。

在总纂《上虞县志》受挫之后,蔡先生并没有从史志阵地上怯步,而开始了新的追求。一方面他继续探求方志之学,结合教育实践,"研求小学教育之乡土志";另一方面又运用新兴科学,审视过去,深感"旧日方志之缺点,即使章氏之学,亦有不适用者"。在他长校北京大学不久,即依各国大学之成例,呈准国务院,在北大增设国史编纂处,自兼处长。又亲手拟定编纂略例,计划编纂通史、民国史两种,通史部先编长编及辞典,长编又分政治史、文明史两种,待长编定后,再由专门史学家编为通史。这里,蔡先生虽是为编纂国史做准备,但他确确实实吸收了章学诚的方志学成果,把志与史联系起来加以考虑,力图改变"道方志者鲜"的局面,这无疑是对史学的一个推进。遗憾的是,蔡先生的修史方案不久便以五四运动发生、先生辞职回里、徐树铮乘机提议取消北大国史编纂处、恢复国务院国史馆而告吹。当然,在蔡先生为《新昌县志》作序时,事情还没有发展到这一步。

(选自《蔡元培与绍兴的修志事业》,原载于《绍兴文史资料》第6辑,绍兴市政协文史资料委员会编,浙江人民出版社1991年版)

以史为鉴，修志育人

任桂全

　　蔡先生一向注重实践，虽修志不成，治史夭折，但他一直没有停止过写志的实践活动。从 1896 年起，他曾先后为徐立瑜、沈子丹、叶澄衷、王有光、徐锡麟、秋瑾、王母朱夫人、胡钟生、夏瑞芬、徐秀钧、高孝悫、赵芬夫人、徐梅生、蔡幼襄、楼木安等 10 余人写过传记、墓表、碑记。到了1936 年，绍兴由乡贤王子馀等发起撰修县志，蔡先生又欣然为乡人鲍承先、汤沛恩、田祚、冯之骧、杜亚泉撰写传记（其中鲍、田由马襆光代笔），以后都收入《绍兴县志资料第一辑》，这是蔡先生对家乡修志事业的一个贡献。如果说，蔡先生因故不能修完《上虞县志》，是上虞的一个遗憾，那么，蔡先生能在垂暮之年参与家乡写志，当是绍兴的一件幸事。

　　在蔡先生所记的 20 位传主中，有两个明显特点，一是所记的多为革命志士、志士家眷或曾支持革命之人，二是敢于冲破旧礼教、支持或投身革命的妇女也乐而为之记。这当然与蔡先生的民主思想和爱国思想是完全一致的，目的是教育后人。蔡先生深谙"以史为鉴"的道理，他说："历史者，记载以往社会之现象，以垂示将来者……吾人读历史而知古人之行为，辨其是非，究其成败，法是与成者，而戒其非与败者，此人类道德与事业所以进步也，是历史之益也。"蔡先生的精辟见地，对我们今天的修志，仍不失其深刻的现实意义。

　　（选自《蔡元培与绍兴的修志事业》，原载于《绍兴文史资料》第 6 辑，绍兴市政协文史资料委员会编，浙江人民出版社 1991 年版）

纪念蔡元培先生

——为蔡先生逝世二周年作

梁漱溟

民国 31 年（1942 年）二月自香港返桂林，《文化杂志》以时届蔡先生逝世二周年，属为纪念之文。愚于蔡先生逝世之初，曾为一文发表于重庆《大公报》，大意申论中国近二三十年之新机运蔡先生实开之。今不重述。今只述蔡先生的伟大兼及愚个人知遇之感于此。

蔡先生一生的成就不在学问，不在事功，而只在开出一种风气，酿成一大潮流，影响到全国，收果于后世。这当然非他一人之力，而是运会来临，许多人都参与其间的。然而数起来，却必要以蔡先生居首。

我说运会是指历史演到那时，刚好是上次大战将了，好多旧事物于此结束，而人类一新机运于此初步展开，在社会人生、在经济、在政治种种上面都茁露新潮流，与十八九世纪所谓近代潮流者不同。而中国呢，刚好在感受近代潮流引发第一度革命之后，反动的袁氏帝制运动、清室复辟运动，此伏彼起，新旧势力相搏之际。蔡先生即于袁倒黎继、南北统一内阁之下，应教育总长范静生先生之请，出任北京大学校长。范先生原是蔡先生做民国第一任教育总长时引为次长的，两公之相得自不待言。而况蔡先生以清朝翰林为革命巨子，新旧资望备于一身。此时欲从扩演近代潮流之中，更进而输入最新潮流，使许多新意识在中国社会一面深刻化，一面普遍化，俾克服旧势力于无形，实在除蔡先生能肩负此任务外，更无他人具有这气力的了。

这还不单是说蔡先生能得政府和教育界的支持，蔡先生的资望品概能服人而已，更要紧的乃在蔡先生的器局识见恰能胜任愉快。从世界大交通东西密接以来，国人注意西洋文化多在有形的实用的一面，而忽于其无形的超实用的地方。虽然关涉政治制度、社会体俗的像是"自由""平等""民主"一类观念，后来亦经输入仍不够深刻，仍没有探到文化的根本处。唯独蔡先生富于哲学兴趣，恰是游心乎无形的超实用的所在。讲到他的器局、他的识见为人所不及，便从这里可见。因其器局大、识见远，所以对于主张不同、才品不同种种的人物，都能兼容并包，左援右引，盛极一时。后来其一种风气的开出、一大潮流的酿成，亦正孕育在此了。

关于蔡先生兼容并包之量，时下论者多能言之，但我愿指出说明的：蔡先生除了他意识到办大学需要如此之外，更要紧的乃在他天性上具有多方面的爱好、极广博的兴趣。意识到此一需要，而后兼容并包，不免是人为的（伪的）；天性上喜欢如此，方是自然的（真的）。有意的兼容并包是可学的；出于性情之自然是不可学的。有意兼容并包，不一定兼容并包得了；唯出于真爱好，而后人家乃乐于为他所包容，而后尽管复杂，却维系得住。——这方是真器局、真度量。譬如在蔡先生包容中，当时发生最大作用的人，第一要数陈独秀先生，次则胡适之先生。且不论他们两位学问深浅如何，但都有一种本领，就是能以自己把握的一点意思度与众人。胡先生额脑明爽，凡所发挥，人人易晓。当时的新文化运动自不能不归功于他，然未若陈先生之精辟广悍，每发一论，辟易千人。实在只有他才能掀起思想界的大波澜。两位先生固然同得到蔡先生的支持，却是胡先生为人和易平正，原不须蔡先生怎样费力支持；陈先生就不同了，在校内得罪人不少，在校外引起的反对更多，而且细行不检，予人口实。若非得蔡先生出大力气支持，便不得存立住。若问蔡先生何以能这般出大力气支持他呢？就为蔡先生虽知他有种种短处，而终竟对他的为人抱有真爱好，对他的言论、主张具有真的同意和同情。——不是蔡先生，换任何一人都不会支持他，而在蔡先生若不是真爱他，真同情他，亦不会支持他的。

胡先生的白话文运动是当时新文化运动的主干，然未若新人生思想之更属新文化运动的灵魂。此则唯借陈先生对于旧道德的勇猛进攻，乃得引发开展。自清末以来数十年，中西文化的较量斗争，至此乃追究到最后，乃彻见根底。尽管现在人们看他两位已经过时，不复能领导后进，然而今日的局面、今日的风气（不问是好是坏）却是那时他们打开来的。虽甚不喜之者亦埋没不得。自然，说起当时人物并不止陈、胡二位，例如李守常（大钊）、顾孟馀、陶孟和、周树人、周作人、钱玄同、高一涵诸先生皆其著者，俱亦各有各的神通。所有陈、胡以及各位先生任何一人的工作，蔡先生皆未必能作，然他们诸位若没有蔡先生，却不得聚拢在北大，更不得机会发抒。聚拢起来，而且使其各得发抒，这毕竟是蔡先生独有的伟大。从而近二三十年中国新机运亦就不能不说蔡先生实开了之了。

这时，我个人固然同在蔡先生的聚拢包容之中，然论这运会却数不到我，因我不是属于这新派的一伙；同时旧派学者中亦数不到我，那是自有辜汤生（鸿铭）、刘申叔（师培）、黄季刚（侃）、陈伯弢（汉章）、马夷初（叙伦）等诸位先生。我只是在当时北京大学内得到培养的一个人，而不是在当时北大得到发抒的一个人。于此，我们又可以说，蔡先生的伟大非止能聚拢许多人，更且能培养许多人。除了许多学生不说，如我这样虽非学生而实受培养者盖亦不少也。

我到北大任讲席，始于民国6年，而受聘则在其前一年，即蔡先生初接任校长之时。蔡先生之知我，是因我有《究元决疑论》之作，发表于上海《东方杂志》（约在民国5年夏连载于六、七、八三期，后来收入《东方文库》为一单行本）。此论之作盖兴感于黄远庸先生之惨死。那时，我在北京得到远庸从上海写给我的信，同时读到他的忏悔录（渡美舟中作，发表于《东方杂志》），随亦听到他在美国被刺的讯息。此论发挥印度出世思想，指示人生唯一的路在皈依佛法。原稿寄给章行严先生（士钊），适章先生奔走倒袁离沪，为蒋竹庄先生（维乔）所得，付《东方杂志》刊出。不久袁倒黎继，蔡先生既应范公之请，由海外返国。我以自十几岁爱好哲学，很早读到蔡先生的《哲学要领》一类著作，久慕先生而未一深谈（民国元年我为新闻记者，蔡先生为阁员，见过几面），特因范公介绍晋谒先生于其家。不料一见面，先生就说要请我到北大任教的话。

记得有一天，蔡先生约我与陈仲甫先生（独秀）相会于校长室，提出请我担任印度哲学一门课程（陈先生新聘为文科学长，相当于今所谓文学院院长）。我说："我何曾懂得什么印度哲学呢？印度宗派那么多，我只领会一点佛家思想而已。要我教，我是没得教的呀！"蔡先生回答："你说你不懂印度哲学，但又有哪一个人真懂得呢？谁亦不过知道一星半点，横竖都差不多。我们寻不到人，就是你来吧！"我总不敢冒昧承当。先生又申说："你不是喜好哲学吗？我自己喜好哲学，我们还有一些喜好哲学的朋友，我此番到北大，就想把这些朋友，乃至求知中的朋友，都引来一起共同研究，彼此切磋。你怎可不来呢？你不要是当老师来教人，你当是来共同学习好了。"他这几句话打动了我，我只有应承下来。

虽则答应了，无奈我分不开身。当时我正为司法总长张镕西先生（耀曾）担任司法部秘书，同时任秘书者有沈衡山先生（钧儒）。沈先生多为张公照料外面周旋应付之事，我则为掌理机要函电。倒袁者本以西南各省为主，张公实代表西南滇川两粤而入阁。正在南北初统一，政治上往来机密函电极多，我常常忙到入夜。我既于此门功课夙无准备，况且要编出讲义，如何办得来？末后，只得转推许季上先生（丹）为我代课。

及至次一年，经过张勋复辟之役，政府改组，镕西先生下野，我亦去职，南游入湘。10月间，在衡山的北军王汝贤等部溃走长沙，大掠而北，我亦不得安居，随着溃兵难民退达武汉，就回北京了。因感于内战为祸之烈，写了一篇《吾曹不出如苍生何》，呼吁有心人出来组织"国民息兵会"，共同制止内战，养成民主势力。自己印刷数千册，到处分送与人。恰这时许先生大病，自暑假开学便缺课。蔡先生促我到校接替，于是才到北大。

我在北大前后共七年，即自民国6年至13年（从新思潮的酝酿、五四运动的爆发，到国民党改组），中间曾因脑病求去两次，皆经蔡先生恳切挽劝而留住，其详不烦说了。七年之间从蔡先生和诸同事、诸同学所获益处，直接间接、有形无形，数之难尽。总之，北京大学实在培养了我。论年辈，蔡先生长于我二十八九岁，我只算得一个学生。然七年之间，与先生书信往返中，先生总称我"漱溟先生"，我未尝辞，亦未尝自称晚生后学。盖在校内原为校长、教员的关系，不敢不自尊，且以成蔡先生之谦德。后来离校，我每次写信，便自称晚学了。

近年，四川报纸有传我初投考北大，未见录取，后乃转而被聘为教授等，非事实。从上面所述可以看出（那时蔡先生以讲师聘我，亦非教授）。不过，我初到北大时，实只24岁，与诸同学年齿相若，且有比我大两岁者。如今日名教授冯友兰、顾颉刚、孙本文、朱谦之诸君皆当日相聚于课堂的。更有少时与我为同学友，而其时却正求学于北大的，如雷国能（在法科），如张申府（崧年，在理科）诸兄是。

当时蔡先生为什么引我到北大，且再三挽留我呢？我既不属新派（外间且有目我为陈、胡的反对派者），又无旧学，又非有科学专长的啊！此即上文所说，蔡先生具有多方面的爱好、极广博的兴趣之故了。他或者感觉到我富于研究兴趣，算个好学深思的人，放在大学里总是好的；同时呢，他对于我讲的印度哲学、中国文化等自亦颇感兴味，不存成见。这就是一种气度，这一气度完全由他富于哲学兴趣相应而俱来的。换言之，若胸怀意识太偏于实用，或有独断固执脾气的人，便不会如此了。这气度为大学校长所必要有的。老实说，这于一个为政于国的人有时亦同属必要吧！

由于蔡先生爱好哲学，又请来有哲学兴趣的教员，亦就开发了学生们的哲学兴趣。在我眼见的七年中，哲学系始终是最重要的一个学系。当其盛时，比任何一学系的学生都多。除了注册选修哲学课程者外，其他学生自由来听讲的亦很多。校外的人（例如琉璃厂高师的学生、太仆寺街法专的学生，还有些不是学生的人）经常来听讲者亦颇有之。注册部所安排的教室每不合用，就为按照注册人数，安排的教室本可以容纳下，而临时实来听讲的人数却加多，甚至加多达一倍，非掉换大教室不可。依我自己的经验，当民国12年及13年上半年，我讲儒家思想时，必须用第二院大讲堂才行，通常听讲人数总在 200 左右。到课程结束，举行考试时的试卷，亦有 90 多本，此即正式注册的学生了。闻人言，近年（指抗战前和抗战中）南北各大学哲学系学生少得可怜，几乎没有人愿入哲学系。此固一时风气不同，然亦可见蔡先生当年倡导总算成功。

若问蔡先生何以能有这种种成功——他能罗致人才，能造成学风，能影响到全国大局，使后之言历史者不能不看作划时代的大节目。其成功之由果何在？我可以告诉你：此无他，他只是有他的真好恶。何谓真好恶？儒书上指点得明白，"如好好色，如恶恶臭"便是。有真好恶，而后他的一言一动不论做什么事，总有一段真意行乎其间。这样，他便能打动人。人或者甘心愿跟着他走，或随着他，有一段鼓舞于衷而不自知。朱晦庵常说的一句话，"是真虎乃有风"，正谓此。他不要笼络天下人，他更不想强制天下人听他的。一切威迫利诱的手段他都不用，然而天下人却自为他所带动。他毕竟成功了，毕竟不可磨灭地成功了。反之，那些玩手段的欺人自欺抑或自觉得一世之雄，却每每白费力，落得一场空。这亦就是儒书上"不诚无物"一句话了。

总之，我所了解的蔡先生，其伟大在于一面有容，一面率真。他之有容，是率真的有容；他之率真，是有容的率真。更进一层说：坦率真诚，休休有容，亦或者是伟大人物之所以为伟大吧。

今者距新思潮之风动全国既 20 年，距余之离开北大亦既十七八年，距蔡先生之身故既满两年，而余亦寝寝 50 之年矣。自顾尚无所成就以答蔡先生之知遇，以报北京大学之培养。切不敢妄自菲薄，将致力于新文化运动之建设的工作，无使蔡先生之精神徒如过去新思潮所表现者而止，而更有其最后之成果焉。是则区区心愿之所在也。因纪念蔡先生，并志于此以自励。

附记

此文写于民国 31 年，即 1942 年。1970 年忽于乱纸堆中发现吾手稿原迹，计经二十有八年矣。既审视其不无可存，则重为抄录一通，复就回忆所及 50 年前之往事附记于其后。

文中说蔡先生有多方面之爱好，极广博之兴趣，其可征之事例甚多。今试举其一，尔时（约在 1927 年），京中有蜀人张克成先生宣讲佛家唯识论著于广济寺，任人听讲。蔡先生时出任北大校事非久，竟然拨冗偕友几次往听。其实，张先生信佛虽笃，却不通唯识，其错解可笑，愚著《唯识述义》曾指出之。然蔡先生之好学岂可及耶？

文中说北大哲学系尔时之盛况，曾及 1923—1924 年愚讲儒家思想时来听者之多。却须知听众非尽属思想上的同调，为求学习而来者。愚曾闻有反对派来听。（注：同学中有彭基相、余文伟以我为唯心主义，夙示反对，倡言"我听听他荒谬到什么地步"）此正见出当时思想自由活泼之气象，凡哲学界所以成其盛况者讵不在此耶？

1970 年 11 月 3 日 记

又文中"他不要笼络天下人，他更不想强制天下人听他的……反之那些玩手段的欺人自欺，亦或自觉得一世之雄，却每每白费力，落得一场空。这亦就是儒书上'不诚无物'一句话了"，盖有感于当时执政者蒋介石而发。时当抗日战争中期，百事望之于蒋，而误于蒋，深有慨于心也。

同年 11 月 8 日 又记

此文纪念蔡先生兼及当年愚受任北大哲学系讲席之事，因回忆往昔同学盛况如次，计同班同学有孙本文、顾颉刚、冯友兰、黄文弼、朱自清诸君。其时我 24 岁，论年齿彼此大致均相若。班上唯一年长者为谭鸣谦，即是后来革命运动中出名的谭平山其人，他年近三十矣。同学诸友固远不止此数，此举其后来学问上各有造诣，且均为大学的名教授，我此一时偶尔回忆中者数人而已。

1984 年 2 月 5 日 漱溟识

我以民国6年受聘于北京大学，民国13年辞离北大，计首尾七年。七年之间所熟识交好者初不止于哲学系诸同学，而泛及于其他科系，如罗常培、罗庸皆国文系，如陈政则德文系，如叶麐则理科，如黄艮庸则在预科，朱谦之（自由听课，不属任何学系）、王恩洋（旁听生）、谷源瑞则属哲学系。后因在国民参政会任秘书而特别相熟，至如王星贤（英文系）虽在学校时不相知，而晚年来过从颇密，十分契合。

1984年2月5日　再识

　　（原载于《文史资料选辑》第10辑，中国人民政治协商会议全国委员会文史资料研究委员会编，中国文史出版社1987年版）

吴玉章与蔡元培

高平叔

　　根据吴玉章同志的叙述：1912 年 4 月间，他到了北京，蔡元培先生等在倡办留法俭学会，他也参加了。[1] 仅从这一年算起，到 1940 年蔡先生逝世时为止，他们两人的交往，已将近三十个年头了。

　　他们两人的友谊，是建立在共同致力于留法教育事业上的。吴老参加北京的留法俭学会之后，即去四川设置留法俭学会，组织有志青年赴法留学，当时即有一批学生到达法国。

　　1913 年，蔡先生又去了法国，吴老也到达法国。第一次世界大战爆发，法国因战争缺乏劳动力，曾在中国招募华工。他们两人和李石曾等就在法国设立勤工俭学会，并和法国人士一起成立华法教育会，进行中法合作的各项教育工作，特别致力以勤工俭学的办法，吸收贫苦而有志的中国青年到法国去留学。

　　华法教育会于 1916 年 3 月间在巴黎成立，推举干事如下：[2]

　　　　会长——蔡元培（华方），欧东（法方）。

---

[1]　参见《革命长辈谈勤工俭学》，原载于《中国青年》1958 年第 5 期。

[2]　原载于《旅欧教育运动》1916 年 9 月巴黎版。

书记——李石曾、李圣章（华方），裴纳、法露（法方）。

会计——吴玉章（华方），宜士（法方）。

1916年冬，蔡先生被任命为北京大学校长，离开法国，吴老就和他一同由法归国。蔡先生于1917年初到北大任职，吴老也于2月间到达北京。

第一次世界大战期间，法国为在华大量招募华工，曾与袁世凯政府订立条约，其内容于中国工人极为不利。华法教育会为此曾进行力争，费了很大周折，与法国改订条约，规定中国工人与法国工人同工同酬，为华工争回一些权利。吴老带着这个改订条约的草案，要求北洋政府批准，这是他到北京的任务之一。

吴老在北京期间，和蔡先生的过从颇为密切。例如，1917年5月23日，应天津南开学校之请，他们两人和李石曾一同前往该校讲演。这在南开学校《校风》杂志的"校闻"栏中有所报道。周恩来同志所笔录的《蔡孑民先生演说词》的"前言"中也提到这件事。

又如，是年7月间，蔡先生因反对张勋复辟和反对段祺瑞蛮横操纵国会，提出辞去北大校长职务，离京到天津小住，在其《旅津日记》手稿中，曾有如下两段记述：

7月13日，偕"玉章访乌脱来于法领事馆"。

7月17日，"玉章来，言即赴京"。

吴老在北京一面交涉改订中法华工条约的事，一面又进行第二个任务，就是办留法勤工俭学。除了在北京办起留法预备学校而外，他还向四川积极推动留法勤工俭学运动。这些工作，他们两人时常面谈或函电磋商。

我在整理蔡先生生前保留的所收书信中，发现了吴老由重庆写给他的一封手札（邮戳不很清楚，大致是1918年），是一封快信，信封上写的是，"北京马神庙北京大学蔡校长孑民先生启"，"重庆仁爱堂医院吴玉章"。抄录原文如下：

> 子民、石曾两先生均鉴：
>
> 石曾先生函电均悉。以行将东下，冀一面谈，故未作复，乃行至渝，痔疾忽发，不得已，入法国仁爱堂医院治疗，至今已阅三月。大病虽痊愈，而时局不靖，行路维艰，今尚滞留病院。近闻班东卫君已抵北京，先生等将与之同赴巴黎，筹办大学，诚盛事也。弟欲随两先生后，与斯盛举，不识何时启行？请函示知。如期迫，则祈电示。函、电均可由法国医院转。助留法学生款事，熊君慨允[1]，唯现遇政变，无暇及此，只得缓图。川中学界思潮尚好，政局稍定，大有可为，知注并闻。即颂道安。
>
> 　　　　　　　　　　　七月十八日　弟吴永珊　敬启

吴老这封 60 年前的手札，反映了吴老和蔡先生当时为留法勤工俭学奔走呼吁的情况，这是一份极可宝贵的革命文献。

从那时以后，蔡先生的日记中断多年；他生前所保存的来信，因"四人帮"查抄而有所散失；还有一部分遗物我将做进一步整理，因此，他们两人后一时期的往还，尚有待于发现新资料再补充。

抗日战争爆发后，蔡先生移居香港养病。吴老由欧归国，路过香港，他们两人又获一重聚的机会。1938 年 4 月 23 日，蔡先生在日记中写下四个字："吴玉章来。"对这次晤会，吴老纪念文中曾做较详细的追述："道经香港，得与晤谈时，他犹欣欣然以国共能重新合作、共赴国难，为国家民族之大幸。"想不到这一次的晤会，竟成了他们两人最后的一面。

1940 年 3 月，蔡先生在香港逝世，延安各界举行了庄严盛大的追悼蔡元培、吴承仕二氏的大会。这次追悼大会，就是吴老亲自主持的。他撰写了一

---

[1] 熊君，即熊克武。

副挽联沉痛地追悼蔡先生[1]。联曰：

> 正气长存，文章盖世，尤堪幸组织大同盟力保人权，众话申江思盛德；
>
> 寇氛尚恶，傀儡登场，更可痛纵容宵小辈横施奸计，我凭延水吊英灵。
>
> 孑民先生千古！

吴玉章敬挽

吴老还写了一篇《纪念蔡孑民先生》[2]，全面精辟地总结了蔡先生的一生。首先，他指出："1903年上海爱国学社南洋公学等风潮，开始了中国学生的革命运动"，"孑民先生实中国初期知识分子学生革命运动的重要发起人"。其次蔡先生与吴老等组织华法教育会，发展勤工俭学，"一时以勤工俭学赴法留学者不下千人，当时适值俄国十月革命胜利，马克思、列宁主义革命学说遂为这般青年所欢迎，这就造成了中国共产党许多优秀干部，如我党著名的周恩来、李富春、罗迈、陈毅、王若飞同志及在大革命时或十年奋斗中所英勇牺牲的赵世炎、陈延年、陈乔年、穆青诸同志，都是中国新时代的杰出人才。这也应归功于孑民先生引导勤工俭学之力"。其次，蔡先生就任北京大学校长"罗致进步人士为北大教授，如我党出色人物李大钊同志及主张白话文、大倡文学革命的胡适等，起了新文化运动的革命作用，一时新思潮勃兴，学术思想为之大变，尤其是我半殖民地半封建的国家受了十月革命的影响，社会主义的思潮汹涌于一般人士特别是青年脑筋中，使中国苦闷而没有出路的革命知识分子得到了新生命，获得了新武器，因而就有冲破旧桎梏而创造新文学、新文化的勇气，因而就有反帝反封建轰轰烈烈的五四运

---

[1] 见延安《新中华报》1940年4月26日。

[2] 原载于《中国文化》第1卷第2号，1940年4月延安版。

动，这就为中国历史开一新纪元。虽然这是时代所产生的必然的结果，而蔡先生领导之功自不可没"。再其次，"1925—1927年中国大革命失败后，白色恐怖非常残暴，蹂躏人权达于极点"。"子民先生痛心于这般虎狼的惨无人道，曾与宋庆龄、杨杏佛诸先生发起组织人权保障大同盟，以企图为国家民族保存一二分元气，虽然那些暗杀党徒以暗杀杨杏佛先生并以许多恐吓信来胁迫，他仍不屈不挠地为保障人权而奋斗。"文中还提到鲁迅逝世后，蔡先生为其"料理丧葬，刊印遗集"，以及蔡先生赞助拉丁化新文字等事，最后着重指出："'九一八'日寇进攻中国以来，国难日趋严重，我党中央屡向全国人民及国民党中央提议停止内战、一致对外，子民先生直接间接对于国内团结、共御外侮，用力甚多，卒能于'七七'抗战以前，达到国共合作的目的。"

吴老这篇纪念文，确实是科学地、客观地概括了蔡元培先生的一生。事实上，这也只有深知蔡先生如吴老者，才能对这一历史人物作出如此恰切、如此深刻的评价。

（原载于《文史资料存稿选编》第24辑，中国人民政治协商会议全国委员会文史资料委员会编，中国文史出版社2002年版）